CB072322

Projeto realizado através da
Lei Federal de Incentivo à Cultura

SIMBA SAFARI

A vida de um homem

Glória Jorge de Andrade

MELHORAMENTOS

EMPRESA DAS ARTES

Copyright © Empresa das Artes, 2006
Rua General Jardim, 482 - 4º andar, conj.42, Vila Buarque, São Paulo, SP,
CEP 01223-010. Tel.: (11) 3797-2200. Fax: (11) 3151-4890
Editora Melhoramentos (atendimento ao consumidor):
Caixa Postal 11541 - CEP 05049-970 - São Paulo - SP

```
Dados   Internacionais  de  Catalogação  na  Publicação   (CIP)
        (Câmara  Brasileira  do  Livro,  SP,  Brasil)

        Andrade, Glória Jorge de
          Simba Safari : a vida de um homem / Glória
        Jorge de Andrade. -- São Paulo : Editora
        Melhoramentos : Empresa das Artes, 2006.

          ISBN 85-06-04980-6
          ISBN 85-89138-54-2 (Empresa das Artes)

          1. Empresários - Brasil - Biografia 2. Galvão,
        Chico I. Título.


06-6301                                        CDD-926.6081
```

Índices para catálogo sistemático:

1. Empresários brasileiros : Biografia
   926.6081

EDITOR: Fabio Ávila
PESQUISA E TEXTO: Glória Jorge de Andrade
COORDENAÇÃO EDITORIAL: Eduardo Lima e Marco Antonio Garcia Souza
PROJETO E CONCEPÇÃO GRÁFICA: Flávio Reis
COPIDESQUE: Naiara Raggiotti
REVISÃO: Elizete Mitestaines
PRODUÇÃO GRÁFICA: Natália Toshiyuki, Fabiana Marcondes e Vanessa Guizi
ASSISTENTE DE PRODUÇÃO: Mariana Kortwich Vaz
ARTE-FINAL ELETRÔNICA: Rafael Carvalho
PRÉ-IMPRESSÃO: Grafo Serviços Gráficos
IMPRESSÃO E ACABAMENTO: RR Donnelley Moore
PATROCÍNIO: Companhia Brasileira de Metalurgia e Mineração

Índice

Introdução	13
Capítulo 01	17

A infância
A experiência na Europa
De volta ao Brasil

Capítulo 02	27

África, 1968 – O Primeiro Safári: A Inspiração
O Kruger National Park
Dr. Mário Paulo Autuori
Moçambique Safarilândia - 1968

Capítulo 03	37

São Paulo – 1969
No morro da macumba
Vamos adiante!

Capítulo 04	47

O Começo
África do Sul – 1970 (Pretória e Johannesburg)

Capítulo 05	61

A volta ao Brasil e os sócios do Simba Safari
O nascimento do Simba Safari
Primeiros passos
A mata primitiva da área
A abertura das estradas
As dificuldades na pavimentação

Capítulo 06	81

Os mourões
As telas
O jardim do Simba e as flores

Capítulo 07 — 89
Os jipes e os *rangers*
A organização do parque e os primeiros leões
Soltando os leões
Aumentando o bando...

Capítulo 08 — 99
Feroz – o grande líder
Leão também fica doente!
O acidente que matou Paulo,
o primeiro *ranger* do Simba

Capítulo 09 — 113
Aquisição de novos leões para a
inauguração do Simba Safari
Transportando leões da Argentina para o Brasil
A chegada dos novatos
O encontro

Capítulo 10 — 121
A inauguração
Simba Safari, 3 de março de 1972
Simba Safari, 4 de março de 1972 - Aberto ao público
Congestionamentos intermináveis
Os bugios
Outros problemas
Jipe capotado e os extintores de incêndio
Carros pegando fogo no parque

Capítulo 11 — 139
O nascimento do primeiro filhote de leão no Simba
Clima afrodisíaco
Procriação de animais no Simba
Experiência inédita e de muito sucesso no Simba
A residência/escritório do Simba

Capítulo 12 — 147
Os macacos-prego
Camila – a camela relações-públicas do Simba

Os antílopes e os cervídeos
Os pavões e outras aves
Guepardos
As zebras de Grevyi
Os ursos
Macacos-aranha
Os bisões
Enfim, a girafa
Os tigres de Bengala
Animais brasileiros
O hipopótamo
Mais funcionários no Simba
Novos *rangers* e a cesta básica

Capítulo 13 183
Folhetos do Simba Safari
A imagem de um leão no mercado promocional
Um milhão em prêmios

Capítulo 14 191
Visitantes inusitados
Três assaltos no Simba
Febem no Simba

Capítulo 15 203
Travessuras de animais

Capítulo 16 209
Outras atrações

Capítulo 17 219
Relacionamento Simba Safari/ Zoológico

Capítulo 18 225
Ano 2003
Com a palavra, Chico

Epílogo 233

gradecimentos

a Fausto Vaz Guimarães, que "empurrou" este livro para a frente, no momento mais necessário.

Conversando com Chico Galvão, ele insistiu em agradecer, mesmo que postumamente, ao Dr. Mário Paulo Autuori, antigo diretor da Fundação Parque Zoológico de São Paulo, e à sua equipe, chefiada pelo Prof. Dr. Ladislau Alfons Deutsch, pelo grande incentivo e pela preciosa colaboração que tornaram possível a implantação do Simba Safari no coração de São Paulo, como empreendimento pioneiro na América do Sul. Fica ainda o agradecimento à enorme colaboração dos amigos e familiares que ajudaram na construção do parque, do qual, na verdade, foram padrinhos.

Agradecimentos a Hermann Moraes Barros, o diretor das horas difíceis; ao advogado Dr. Charles Alexander de Souza Dantas Forbes, que descobriu "os caminhos" jurídicos especiais, por tratar-se de um empreendimento sem similar, fazendo com que tudo ficasse perfeitamente de acordo com a lei; a Maria Helena Moraes Barros Pamio, Antônio Carlos Corrêa Galvão, Nuno Vecchi; a Luiz Américo Gelfei, porque a idéia do parque surgiu em sua casa. A Monserrat Coelho Ryan, que foi quem enxergou e teve a coragem de montar a primeira butique do Simba. Damos crédito e agradecemos a Maria Cristina Camargo Godói, que, como assessora de imprensa do Simba Safari na época, dispôs a anotar o que Chico ditava, enquanto lhe contava as aventuras de sua vida. E, também, a Lairton Nogueira de Almeida, diretor financeiro do Simba Safári até hoje, sem o qual o parque não teria chegado a seu bom termo, como aconteceu.

Agradecimentos ao veterinário José Emílio Gazull, por ter facilitado a estada de Chico em Mendoza, Argentina, onde conseguiram encontrar os primeiros leões argentinos e, então, transportá-los para o Brasil.

A Paulo Corrêa Galvão, Pagal, um pintor de renome que criou as primeiras placas do parque.

Agradecimentos à senhora Athaly Piza e Figueiredo, por ter me apresentado a Patrícia Kok de F. Cabral, que me deu grande apoio.

Transforme a realidade em gracejo e ela será entendida. Seja didático, quando não quiser ser compreendido popularmente. Os humanos reinam sobre todas as espécies. Reinar não significa despotismo arbitrário ou massacre. Significa conhecimento superior de leis gerais e a força de as fazer respeitar. Quando se age conforme essas leis, colabora-se com ordens universais. Quando transgredidas, atingem equilíbrios vitais daquilo que nos cerca, fazendo-nos construtores de nossa própria infelicidade. Caçar obedece a regras. Regras de honra ao mundo vivo, aos outros e a nós mesmos.

Francisco Galvão

Introdução

Se alguma vez Francisco Galvão teve dúvidas de que seu projeto seria uma realidade vitoriosa, seu senso de perseverança sempre lhe demonstrou que não se pode parar nada no meio do caminho. O poder de persuasão e a confiança em si mesmo foram as armas que utilizou para convencer àqueles que formariam com ele a vanguarda de uma luta, cuja bandeira teria como lema: coragem, sensibilidade e união.

Este livro conta a verdadeira história de um empreendimento *sui generis*, com todos os sacrifícios e dificuldades, superados a duras penas pelo seu empreendedor e pela união de todos os que se engajaram no projeto de implantação do Simba Safari. E os obstáculos não foram poucos: muito teve de ser feito para conquistar a participação de fontes financeiras interessadas em patrocinar pesquisas científicas e tecnológicas, além de programas de lazer.

Aliados à determinação e à confiança de Francisco Galvão, os órgãos da mídia prestaram sua ajuda ao destacarem o projeto do parque e sua complexa dinâmica, inserida na dianteira de um movimento institucional de preservação do meio ambiente que interessava – e interessa – a todos. O trabalho que Chico Galvão fez com os meios de comunicação, em especial o rádio e a televisão, foi o de um exímio publicitário. Não só à época da inauguração, mas também depois, toda a mídia estava interessada em divulgar, em primeira mão, as atividades e atrações do Simba Safari. Chico Galvão acreditava tanto no seu projeto que conseguia todas as reportagens gratuitamente.

Sob essa bandeira, o Simba Safari foi concebido para ser desfrutado por homens, mulheres, adolescentes e crianças, a fim de que, naquele recanto rústico de São Paulo, encontrassem uma válvula de escape neste mundo de compressão em que vivemos e uma pausa na atribulada vida da atividade cotidiana.

Desde a fundação do parque, há 31 anos, os seus freqüentadores sempre o visitaram em absoluta segurança. Muitos lá foram, pela primeira vez, acompanhados de seus pais; outros levavam os filhos, enquanto a grande maioria ia ao parque para acompanhar os netos ainda bebês, retornando diversas vezes, para que, aos poucos, as crianças desenvolvessem o amor à natureza por meio do contato direto com os animais, aprendendo a respeitá-los pelo papel importante que representam no equilíbrio ecológico. Algumas mães simplesmente levavam seus filhos ao Simba para tirá-los da frente da televisão ou dos computadores.

    Assim, os fatos que passarei a relatar são verdadeiros e espero conseguir contá-los com a graça, o humor e a emoção com que me foram passados. Quem conheceu o Simba "por fora" não poderá imaginar a história de cada pedaço de estrada, de cada flor e de cada metro quadrado de suas construções.

capítulo

> O quintal de sua casa, no Jardim América, em São Paulo era um minizoológico: macacos, coelhos, emas, cachorros e até uma pequena onça e dois filhotes de jacaré.

01

A INFÂNCIA

Desde criança Francisco Galvão – "Chico" – sempre gostou de animais. Os meninos de sua idade liam livros infantis ou de aventuras, enquanto ele devorava aqueles que se referiam à vida dos bichos: seus hábitos, processos de agrupamento em famílias, bandos, territórios e formas de comportamento de cada espécie.

O quintal de sua casa, com 5 mil metros quadrados, na Praça das Guianas, Jardim América, em São Paulo, servia como exemplo vivo do que lia nos livros, afinal seu pai também adorava os animais, e o quintal era mesmo um minizoológico. Macacos, coelhos, emas, cachorros, pássaros – que seu pai costumava receber como presente de amigos e familiares – e até uma pequena onça e dois filhotes de jacaré fizeram parte de sua infância.

Mas nem só de bichos era feito o quintal dessa casa. Havia também um pomar, em parte ainda preservado, com árvores raras para a época, como a grumixama e a cereja do Rio Grande, além de araçazeiro, pitangueiras, goiabeiras, e mais treze jabuticabeiras, caramboleiras, ateiras etc. Era um pomar belíssimo, que servia de cenário para todo tipo de brincadeira, e onde a imaginação não conhecia limites... Quando Chico brincava de Tarzan, por exemplo, estavam lá os jacarés, os macacos e a selva!

E não era só no quintal de casa que Chico convivia com o mundo mágico da floresta. Já aos 12 anos, seu cunhado Hermann Moraes Barros o levava para as reservas de mata do Paraná, às margens do rio Ivaí, que pertenciam à Companhia Melhoramentos Norte do Paraná. Foi lá que ele caçou sua primeira onça, que, segundo os habitantes da região, era especialista em matar e comer os bezerros das fazendas do local.

Naquela época, seus conceitos com relação à caça e à preservação já estavam formados e enraizados. Tanto é verdade que, em um de seus passeios pelo rio, numa tarde em que o Sol, quase no ocaso, refletia-se nas águas, Chico observava uma cena que, segundo ele, é sempre muito bonita: o vôo rasante de uma garça cujo reflexo, no rio, prendeu-lhe a atenção. De repente, ouviu um tiro e a garça mergulhou, morta. A reação foi rápida, e Chico, furioso, levantou sua espingarda para enfrentar o "carniceiro", postado em uma das margens. Só não atirou porque a pessoa que o acompanhava na canoa impediu-lhe o gesto.

– Uma garça, imaginem só! Que prazer alguém pode ter em matar uma garça?!

Chico era o caçula de cinco irmãos: Beatriz,

Carlos, Pagal, Luiz Antônio e Maria, a primogênita, dezoito anos mais velha que Chico, e com quem Hermann era casado. A amizade entre Chico e o cunhado era extremamente forte, tanto que, ao perder o pai biológico aos 14 anos, o menino foi praticamente "tutelado" por Hermann.

A EXPERIÊNCIA NA EUROPA

Com 15 anos, em 1953, Chico partiu para a Europa "deportado", pois sua mãe achava que ele estava sendo mal influenciado por certos amigos. Em pouco tempo, providenciou tudo e o mandou sozinho para Zurique, na Suíça, onde havia um brasileiro para ajudá-lo, já que Chico não falava nenhuma língua além do português e precisava chegar ao Liceu Alpinum Zuoz, a 15 quilômetros de Saint Moritz. Como naquela viagem eram feitas várias baldeações do navio de Gênova para o trem que cruzava toda a Europa, escreveram-lhe um cartão em três línguas (inglês, francês e alemão): "Por favor, me ajudem! Eu não conheço seu idioma e preciso chegar a Zurique". Embora tivesse 15 anos, aparentava muito mais com seu considerável 1,90 m de altura, e, por meio de mímicas e a ajuda do tal cartão, conseguiu se comunicar com os chefes de estação, chegando com sucesso ao seu destino.

Naquela ocasião, os europeus consideravam

os brasileiros meio índios, estranhavam o fato do rapaz não falar nenhuma língua, além do português.

Chico não conhecia o inverno europeu e, por isso, sua chegada foi marcada por um incidente curioso... Ao querer fumar um cigarro, tentou abrir a janela do quarto, que era dupla e estava congelada. Depois de várias tentativas, quebrou sem querer o vidro, que se espatifou em pedacinhos. De boca em boca, correu a história de que quando não conseguia abrir a janela, quebrava-a...

O Lyceum Alpinum era um colégio de língua alemã e não existia um professor que falasse português e pudesse ensiná-lo a falar o alemão. Foi então transferido para um "hotel-colégio" de férias, próximo a Zuoz, para aprender francês e depois seguir para Lausanne, onde aperfeiçoaria o idioma e estaria apto a aprender o alemão.

Como era muito bonito, o que o ajudou em toda a vida, namorou a professora, fato que foi um escândalo e adiou sua transferência para Lausanne. Após dois meses aprendendo francês, finalmente foi transferido para o Lyceum Alpinum Zuoz, onde estudou, durante três anos, comércio, inglês, francês, italiano e alemão, freqüentando também, como ouvinte, o curso de biologia no pré-universitário por um ano. Mas nem só de livros vivia Chico. Os esportes também eram uma de suas atividades favoritas: praticava hóquei e hóquei no gelo, esqui aquático, esqui na neve, five, tênis, atletismo, críquete, natação, pólo, defesa pessoal, entre outros.

No inverno, o amor pelos animais o movia em uma atividade curiosa. Nas montanhas frias da Europa, muitos animais não tinham mais o que comer. Chico então montava um trenó, enchia-o de beterrabas brancas e as levava para esse bichos, seus "vizinhos" das montanhas ao redor do colégio.

Durante os anos em que viveu na Europa, conheceu muitos países: França, Alemanha, Áustria, Bélgica, Espanha, Inglaterra, Suíça, Itália e Portugal. Mas nunca os viu como um turista. Fazia sempre muitos amigos, pois aprendeu a falar todas as línguas.

A vida em Paris não era das mais fáceis. O dinheiro, como sempre escasso, mal dava para a gasolina do carro, um Belair 1956 que sua mãe o fizera comprar pensando em um investimento que pudesse ser, mais tarde, quando voltasse ao Brasil, revertido para o pagamento de novos estudos, o que não aconteceu. Comia no restaurante Jour et Nuit, onde podia colocar – por um preço fixo – tudo o que coubesse no prato. Fazia então grandes "pirâmides" de comida, uma verdadeira obra de arte...

Logo que chegou a Paris, alugou o que eles chamam de "estúdio", um apartamento muito pequeno. Notou que, todos os dias, mulheres lindíssimas entravam e saíam do edifício. Descobriu depois que elas freqüentavam um bordel de luxo, logo acima de seu apartamento. Acabou fazendo amizade com muitas delas e foi apresentado a várias pessoas bacanas e interessantes.

Foi nessa época que conheceu Chris, uma modelo da Casa Dior por meio da qual teve contato com muita gente importante. O encontro aconteceu num dia muito peculiar, em que Chico estava se sentindo muito só e havia comprado uma caixa de cerejas para oferecer a todas as pessoas que passavam pela rua. A modelo parou, sorriu, e os dois saíram a caminhar juntos. Ficaram amigos, mas, nos primeiros dias, a levava para os passeios sempre de metrô, pois não queria impressioná-la com seu Belair Chevrolet...

Com o dinheiro curto, ele inventou meios de sobreviver na Europa. A idéia inicial era que passasse um ano na Eupora, mas a família levou três para conseguir trazê-lo de volta. Mesmo depois de ter a "mesada" cortada, Chico não desistiu. Foi o primeiro brasileiro a trabalhar num café expresso na Inglaterra, em uma máquina (Gaggia) a vapor com alavancas que, na época, era o máximo em tecnologia.

Com o bolso quase vazio e sem "puxa-saquismo", freqüentou a chamada "alta Europa": Capri, Ischia, Saint Moritz e muitos outros lugares importantes. Em Capri, aos 17 anos namorou uma princesa búlgara; o romance não deu certo porque, depois de alguns dias, ele se apaixonou pela dama de companhia da princesa... Em Nápoles, era amigo do filho do dono do Hotel Excelsior. Em Ischia, ficou hospedado no hotel mais importante da cidade, como convidado, pois o filho do dono do hotel, Vitório Baratollo, também era seu amigo.

Gostava muito de viajar, mesmo sozinho, pois com ele não havia cerimônia: parava as pessoas na rua, explicava que era brasileiro, pedia informação, conversava com a simpatia que lhe era peculiar, e, na bagagem de volta, sempre trazia muitos amigos...

DE VOLTA AO BRASIL

Aos 19 anos voltou ao Brasil. No porto de Cannes, deu todo o dinheiro que lhe restava a Chris, que iria continuar na Europa. Depois de lágrimas e despedidas, partiu para a fila de embarque, onde alguns brasileiros olharam desconfiados para aquele jovem queimado de sol, cabeludo e sem gravata. Mas, como era sua praxe, Chico logo puxou conversa com um brasileiro, a quem acabou pedindo dez dólares emprestados...

O tal brasileiro era Adolfo Lerner, que, mais tarde, confessou ter rezado para que aquele jovem estivesse viajando na terceira classe, para não mais incomodá-lo. Qual não foi sua surpresa quando o viu embarcar na primeira classe! No navio, ficou amigo dos garçons, que promoviam uma corrida de cavalos-de-pau movidos a dados. Funcionava assim: todos em volta dos cavalos movimentados por garçons que andavam conforme o número dos dados. Chico, ajudado por

A cidade de Saint Moritz (ao lado) ficava a quinze minutos do Lyceum Alpinum Zuoz (abaixo): paisagens da adolescência

Brasão de Zuoz

De volta ao Brasil, Francisco Galvão assume cargos executivos, como o de subchefe de gabinete da Caixa Econômica Estadual

eles, ganhava sempre e era considerado um homem de sorte... E foi assim que conseguiu algum dinheiro durante a viagem, resgatando a dívida com Lerner.

No Brasil, trabalhou em vários setores financeiros e econômicos, mas esse não era o seu ideal. Toda a vivência anterior e o novo modo de pensar tornaram-se uma filosofia de vida, que levou consigo até completar 30 anos, quando o seu sonho mais antigo se fez realidade: caçar na África!

capítulo

> Hábil e consciencioso, mesmo com o arco-e-flecha, Chico Galvão logo conseguiu caçar os cinco animais de grande porte que todo o caçador deseja.

02

ÁFRICA, 1968 – O PRIMEIRO SAFÁRI: A INSPIRAÇÃO

Chico Galvão voava para a África com o cunhado mais velho, Hermann Moraes Barros. Enquanto o avião rasgava o calor do deserto do Saara, os dois lembravam as caçadas que haviam feito no Brasil desde que Chico era um menino.

Aos 30 anos, 1,90 metro, esguio e atraente, era natural que estivesse tão feliz e excitado, a um passo de uma nova aventura. Seu primeiro safári seria em Moçambique, onde tudo fora organizado para a expedição de caça.

Caçador hábil e conscencioso, logo conseguiu caçar os cinco animais de grande porte que todo caçador desejava: elefante, leão, búfalo, leopardo e o grande cudo. Muito mais motivado pelas emoções do que pela caçada em si, tinha o direito de estar orgulhoso com seus troféus – alguns já eram considerados recordes no acampamento.

Por outro lado, sentia-se cativado pela exuberância da natureza à sua volta. Gostava de se embrenhar na selva, só pelo prazer de observar e estudar os hábitos dos animais, o que mais o fascinava. À noite, antes de dormir, deliciava-se com a harmonia dos sons e dos cheiros do mato, atento ao rugido de uma leoa que rondava o acampamento. Imaginava o porte e o peso daquele animal magnífico, à caça de uma presa para alimentar os filhotes.

Faltavam poucos dias para terminar o safári, porém, ele não queria deixar a África tão cedo. Decidiu procurar Hermann para dizer-lhe que não estava interessado em voltar para o Brasil, tendo a intenção de permanecer mais um pouco em Johannesburg. No entanto, o destino já havia traçado outros caminhos para Chico, enquanto Hermann seguia rumo à Europa.

Em Johannesburg encontrou um amigo de São Paulo. Victor Meirelles ficou muito contente em revê-lo, e insistiu para que ficasse em seu apartamento. Os dois então recordaram as loucuras que haviam feito no passado e aproveitaram para fazer novos planos, divertindo-se com as idéias fantásticas que iam surgindo.

Para começar, era preciso entrar em contato com pessoas bem-relacionadas naquela cidade. Vitinho já tinha a solução:

– Vou convidar uma amiga para jantar hoje à noite e pedir-lhe para que traga a australiana Jane Fitzgerald, que é relações públicas de uma grande companhia de turismo.

As moças aceitaram o convite e chegaram na hora combinada. Após as apresentações, a conversa rolou fácil, enquanto bebericavam os drinques.

Chico contava suas aventuras, com um humor impecável, e logo aproveitou para falar dos projetos que queria pôr em prática. Parou um instante, servindo-se de mais uma dose de uísque, e, dirigindo-se a Jane, sorriu, lançando sua cartada:

– Nosso objetivo agora é rodar um filme sobre a fauna africana. Já temos um roteiro esplêndido, mas não sabemos a quem procurar para nos orientar.

Jane mostrou-se logo interessada e exclamou:

– Mas é uma idéia maravilhosa! Curioso que você tenha falado sobre isso comigo! Conheço Rocco Knobel, diretor do Kruger National Park. É um homem bastante acessível e muito influente. Tenho certeza de que ele os ajudará. Amanhã mesmo vou procurá-lo.

O KRUGER NATIONAL PARK

Passados alguns dias, Jane conseguiu marcar uma reunião no Kruger, em Pretória. Knobel ouviu com interesse aqueles dois brasileiros determinados, expondo seus planos de maneira engraçada. Os três conversaram e riram muito. Knobel, cativado pela imaginação vívida dos dois rapazes, resolveu dar-lhes uma chance, convidando-os para uma estada no Kruger, sem nenhuma despesa.

Chico não podia acreditar em sua boa sorte, pois já estava ficando sem dinheiro. O regulamento do Kruger permitia a permanência de apenas 8 dias para cada hóspede, e era muito caro. Porém, graças à sua personalidade hilariante, foi convidado a ficar por lá por mais três semanas, sem pagar nenhum centavo. Fez amizade com os *rangers* (guardas florestais) e dividia o acampamento com eles. Depois de muitas risadas e anedotas enriquecidas com muita mímica, Chico lançou sua idéia de filmar uma captura de hipopótamos, pois descobrira que, em breve, seria filmado no parque um documentário para a televisão americana. Era a chance de rodar o seu filme.

Os *rangers* pensaram que ele não falava sério; protestaram e se negaram a colaborar. Um deles resmungou:

Esqueleto de girafa em frente ao laboratório do Kruger Park

Rebanho de búfalos selvagens

– Mas isso não é possível! Em hipótese alguma o pessoal da TV americana irá permitir que alguém leve uma câmera. Eles são muito rigorosos e não querem ninguém atrapalhando! Filmar a captura de hipopótamos para documentários é algo bastante complicado, mesmo para quem está por dentro da coisa...

– Ah, mas eu não irei atrapalhar! – insistiu Chico. – Vamos conversar com essa gente da filmagem. Eu não vou desistir assim tão fácil. Conto com vocês para chegar perto dessa turma.

Alguns dias depois, lá estava ele ao lado dos cinegrafistas profissionais, conquistando-os com histórias interessantes e engraçadas, ao mesmo tempo em que reivindicava uma chance para filmar algumas cenas. No entanto, o que ele queria mesmo era aprender as técnicas e os macetes da profissão, pois, até esse momento, embora fosse ótimo fotógrafo, não conhecia as filmadoras. Mas, é claro, isso ele não contou!

Com seu irreverente senso de humor, interrompia-os a toda hora com perguntas, deixando o pessoal atônito. E, assim, aos poucos, Chico e os cinegrafistas tornaram-se grandes camaradas. Explicavam e ensinavam tudo, com os menores detalhes, já que o nosso amador aprendia rápido. E não se cansavam. A companhia jovial, alegre e agradável de Chico Galvão era irresistível, e ele sabia disso.

Inteligente e esperto, mas jamais aproveitador,

soube muito bem usar as oportunidades. Sem prejudicar ninguém, conseguiu rodar seu filme.

Dr. Mário Paulo Autuori

Algumas semanas depois, às dez horas da manhã, o calor já era insuportável! O sol brilhava num céu azul e sem nuvens, queimando e fustigando a terra. Havia aproximadamente dois mil búfalos reunidos no Kruger National Park, para um dos eventos do Congresso Mundial de Zoológicos.

Chico ficara amigo do piloto de helicópteros, pois também era brevetado em acrobacias aéreas. E foi por meio desse piloto que acabou entrando naquele evento. Os animais, tocados pelo helicóptero, passariam galopando na frente dos diretores de zoológicos do mundo inteiro, instalados em caminhões preparados para a sua segurança. Os grandes machos, com quase mil quilos, mugiam furiosamente, levantando muita poeira sob o sol escaldante. Castigando o chão, galopavam com seus cascos duros, fazendo a terra vibrar loucamente. Era um mar de cornos ondulantes.

Chico não podia perder a chance de filmar tudo. Armado com sua câmera Bolex H-16, seu entusiasmo colocou-o no meio da manada, atrás de uma árvore. Não entrou em pânico, mas seu corpo estava todo arrepiado! Com os sentidos dominados, filmou os primeiros búfalos chegando, mas a poeira não permitiu que continuasse filmando, mantendo-o encolhido, assistindo àqueles vultos envoltos por uma neblina de pó. Usava calças sujas e meio gastas, e a cor da sua pele assemelhava-se à dos búfalos cobertos de poeira... O coração batia disparado, parecendo querer acompanhar a terra, que tremia sob os pés da manada.

Os congressistas assistiam a tudo, a distância segura, claro. Como representante do Brasil, participava o Dr. Mário Paulo Autuori, diretor da Fundação Parque Zoológico de São Paulo, que se mostrou curioso e intrigado com a atitude de nosso cinegrafista amador.

– Quem é aquele louco ali no meio dos búfalos?
– É um brasileiro, o Chico.

E Dr. Mário, impressionado, disse:
– Ora, preciso conhecê-lo!

Assim, ele foi apresentado àquele homem, que viria a ser uma pessoa muito importante em sua vida profissional.

– Há quanto tempo você está na África? – perguntou o Dr. Mário.
– Por volta de sete meses. Minha família nem sabe o que ando fazendo. Gostaria que o senhor lhes desse notícias minhas, pois devem estar preocupados. Por favor, diga-lhes que devo voltar em breve ao Brasil, apenas para tranqüilizá-los.

Já era tempo. Os 25 dias programados para a estada na África tinham se transformado em sete meses. A terra dos safáris havia conquistado muito mais do que ele poderia supor. Tragado por tudo aquilo, sua vida não voltaria a ser a mesma.

Moçambique Safarilândia – 1968

Chico foi a Moçambique e pediu a Jane que se encontrasse com ele no elegante Hotel Polana, em Lourenço Marques, sempre repleto de hóspedes ricos e poderosos.

Almoçavam à beira da piscina, conversando sobre seus futuros projetos. Jane, que já era sua namorada, anotava tudo em seu bloco de rascunhos. Os dois eram confundidos com figuras importantes e davam a impressão de um magnata dos negócios acompanhado de sua bela secretária-executiva, pois a moça chamava a atenção pela beleza e elegância. Jane tinha certeza de que ele se sairia bem e de que seus planos passariam, rapidamente, de sonhos a realidade. E ela tinha razão: as boas oportunidades estavam vindo a galope.

Chico foi então a Moçambique Safarilândia, uma coutada de caça (coutadas de caça são terras que o governo arrenda para que se explore a caça). Essa coutada havia sido organizada por Jorge Alves de Lima Filho – nosso *kirongozi* (mestre caçador) – que não participava mais daquela empresa. Conversou com a diretoria da coutada animadamente sobre rodar um filme que mostrasse aos caçadores brasileiros as caçadas africanas, sua organização e a reserva animal desse continente.

Quando surgiu a deixa, Chico não perdeu tempo.

– Estou rodando um filme documentário para exibir no Brasil. Gostaria de inserir algumas caçadas.

Os diretores ficaram entusiasmados e logo propuseram:

– É verdade? Mas que ótimo! Por que não filma essas caçadas aqui? Isso atrairá turistas para Moçambique Safarilândia!

Chico logo concordou, pois isso lhe abriria a oportunidade para uma nova caçada sem despesas. Divertia-se com Victor Meirelles, pois as licenças de caça também haviam sido oferecidas sem nenhum custo. O equipamento era simples: uma cama de armar, um jipe e as armas.

Apaixonou-se pela África, paradisíaca, imensa e selvagem, com sua beleza exótica e seus contrastes. Sob essa atmosfera, percebia que seu destino era mesmo explorar e conhecer o mundo que o rodeava, em busca de sentido, beleza e conhecimento de vida, sem pensar na necessidade de sobrevivência material.

E, assim, foi ficando por lá, sem se dar conta do tempo que passava. Quanto mais ficava, mais queria ficar... No entanto, chegara a hora de partir. Deixaria saudade e muitos amigos.

Naquela ocasião não imaginava que voltaria à África em 1970 e que haveria até "disputa" entre os *rangers* para hospedá-lo. Acabaria ficando um mês inteiro na casa de Umpie, o mais antigo dos *rangers* do Kruger, por insistência dele.

capítulo

> **As fotos do safári em Moçambique foram publicadas pela imprensa e despertaram o interesse de milhares de leitores.**

03

SÃO PAULO – 1969

No Brasil, começaram os primeiros contatos com o Dr. Mário Autuori e sua equipe de veterinários e biólogos do zoológico de São Paulo. As fotos do safári de Moçambique já tinham sido publicadas, o que despertara a curiosidade de muitos leitores.

Dr. Mário programou então uma reunião em sua casa para mostrar os *slides* que ele trouxera da África. Chico não tinha achado a idéia muito boa, afinal eram fotos de animais abatidos, mas acabou concordando.

A exposição foi um sucesso, muito elogiada, mormente porque eram animais fora da época de reprodução e do cio. De repente, Chico lembrou-se de sua idéia a respeito de parques. Aproveitando o entusiasmo do diretor do zoológico, lançou nova cartada:

– Dr. Mário, o senhor toparia aproveitar aquela área, que o zôo não está utilizando para construir um Parque de Leões?

– Mas claro, meu filho! – disse Dr. Mário, conjecturando por alguns momentos. – Acho uma excelente idéia! Vamos conversar sobre o assunto. Apareça no zoológico para examinarmos isso com calma.

Chico surpreendeu-se com a pronta aceitação do diretor do zoológico e, pensando na situação em que se metera, conjecturou consigo mesmo:

"E agora...? Sei caçar leões, conheço bem seus hábitos, assim como os de outros animais, mas tenho experiência como caçador, e não como criador de animais selvagens! Como é que vou sair desta? Nunca fui babá de leão!"

No morro da macumba

No dia seguinte, já no zoológico, discutiram o projeto. Dr. Mário designara uma área provável para a instalação do novo parque e pedira a um dos funcionários do zôo que acompanhasse o futuro diretor do Parque dos Leões para inspecionar o local. Tudo estava acontecendo muito rápido, e Dr. Mário completou:

– É um pedaço de terra que talvez estivesse esperando por você! Examine-a e tente visualizar o seu parque. Boa sorte!

Essa área era chamada pelos funcionários do zôo de "morro da macumba". Quando alguém perguntava onde seria instalado o novo parque, eles diziam:

– É no morro da macumba!

38 | 39

A revista Manchete fez reportagem de 16 páginas sobre a excursão de Chico Galvão à África

Manchete

SAFARI
um brasileiro na África

A natureza, além de ornar as zêbras, contemplou-as com rível velocidade, que a sua única arma ontra a ferocidade dos inimigos

Simba Safari - *A vida de um homem*

Curioso, Chico quis saber onde ficava esse "morro" e por que tinha aquele nome! Mais tarde – quando as estradas já estavam praticamente abertas –, andava pela mata quando desvendou o mistério... No meio do que viria a ser o Parque dos Leões, descobriu um "despacho" que media 12 metros! Deu então um jeito de explicar aos seus funcionários, que aquilo não representava perigo algum. Todo mundo voltou ao trabaho aparentemente tranqüilo, sem se preocupar com as macumbas, que, claro, permaneceram intactas.

Vamos adiante!

Alguns meses antes do encontro com Dr. Mário, Chico havia sido convidado por Jorge Alves de Lima Filho, o *kirongozi* – seu ídolo, desde criança –, para ser caçador profissional na África e tomar conta da coutada Kirongozi Safari Corporated. Isso era tudo o que ele queria na vida! No entanto, quando estava pronto para viajar, recebeu a notícia de que os terroristas da Zâmbia haviam invadido Angola, queimando o acampamento da Kirongozi Safari e jogando futebol com as cabeças dos funcionários! Com isso, tornou-se impossível caçar em Angola. As estradas estavam minadas, e o governo da região não mais concedia licenças para caçadas. Diante disso, viu seus sonhos irem por água abaixo, e a profissão de

Girafas ao pôr-do-sol, no Kruger Park

Zebras e impalas

Cenas da viagem à África: pista de pouso de terra; nativas; o jipe "velho de guerra"; Chico ao lado de um cudo abatido, a quinta presa mais cobiçada pelos caçadores; e junto de Jorge Dedek, Hermann Moraes Barros e Wally Johnson.

Flagrante de um elefante começando a derrubar uma árvore pela tromba

Fêmea de babuíno e filhotes

caçador terminou antes de ter começado.

Filho de banqueiro, aprendera bastante sobre administração, vendas e operações financeiras. Além disso, depois de ter estudado na Suíça, trabalhou em várias organizações comerciais. Mas nada disso o atraía. Todas as suas atitudes e anseios giravam em torno de um único objetivo: voltar para a África! Mas como?!

Aos 31 anos, como piloto brevetado, voltou a fazer acrobacias aéreas, enquanto decidia seu futuro profissional. Nos momentos em que permanecia no ar, manobrando seu avião, reagia à súbita determinação explosiva de fazer um parque de leões. A idéia se ramificara de forma bastante ampla, e parecia abranger tudo o que tinha sonhando até então. Já nessa época, ele vislumbrava toda a estrutura do projeto extraordinário que iria empreender, embora não se julgasse ainda preparado para pôr em prática sua mirabolante idéia. Afinal, o trabalho o excitava na mesma medida em que avistava as dificuldades que iria enfrentar. Mas, ainda assim, era capaz de perceber toda a rede de relacionamentos que teria de construir, a significação que queria dar ao empreendimento e o sentido profundo que tudo isso teria para as crianças e os jovens de sua cidade – motivos suficientes para qualquer sacrifício.

O avião seguia guiado por suas manobras, enquanto seu pensamento ganhava a amplidão do céu – horas de vôos que determinaram o rumo de sua vida.

capítulo

> A topografia do terreno era desanimadora: desníveis profundos, com grandes depressões, pouca água e uma mata muito densa.

04

O COMEÇO

Transpirando e já molhado de suor, Chico Galvão meteu-se mato adentro. Durante quatro dias andou pela mata, explorando o local onde fixaria as raízes do seu Parque de Leões. Parecia-lhe impossível que o projeto pudesse ser implantado ali. A topografia do terreno era desanimadora. Desníveis profundos com grandes depressões, pouca água e uma mata muito densa, repleta de árvores antigas. Era preciso preservar aquele pedaço magnífico de mata atlântica e sua beleza agreste!

Parecia não haver saída. A cada passo que dava à frente, era na verdade um passo a menos em direção ao tão sonhado Parque dos Leões. Mas, mesmo desanimado, a idéia continuava a encantá-lo. Parou, pensou e decidiu-se, gritando ali mesmo, sozinho, no meio da mata:

– O parque vai sair! Não importa o que terei de enfrentar, e quais serão as reações contrárias. Eu vou conseguir!

Nesse meio-tempo, o Dr. Mário Autuori preparou uma declaração afirmando que Francisco Luiz de Souza Corrêa Galvão reunia todas as condições necessárias e desejáveis para executar a criação do futuro parque, enviando-a ao governador do Estado de São Paulo. De sua parte, Chico enviou ao governador uma solicitação para que fosse aprovada a instalação de um Parque de Leões nas terras do zoológico, empreendimento pioneiro na América do Sul.

O mais curioso foi que, seis meses depois, Chico recebeu da Casa Civil do governo de São Paulo o indeferimento para sua solicitação, alegando que, no local requisitado, já estava sendo construído um Parque de Leões... O que a Casa Civil não sabia é que ela e Chico falavam do mesmo parque, o futuro Simba Safari!

Mantinha seu cunhado Hermann a par de todos os trâmites do novo parque. Como homem de finanças, ele via muito mal o negócio, mas, pouco a pouco, comprou a idéia, com a ajuda e o grande empenho de sua filha Maria Helena. Grande caçador e sertanista, Hermann era um pioneiro em todo o Estado do Paraná, além de pai "adotivo" de Chico, desde quando perdera o pai biológico, quinze anos antes. Tudo isso somado contribuiu para que fosse um dos grandes responsáveis pela efetivação do Parque dos Leões.

Entusiasmado, Chico Galvão concluiu que estava no rumo certo, embora naquela época soubesse muito pouco sobre empreendimentos desse tipo. Era preciso aprender técnicas de gerenciamento de parques e esclarecer diversas dúvidas antes de iniciar o negócio. Foi quando teve um estalo: para conceber um parque, é preciso conhecer outros. Decidiu então voltar à África e procurar novamente o Sr. Rocco Knobel, seu amigo e diretor do Kruger National Park, do qual Chico era "ranger honorário". Sem perder tempo, juntou o mínimo de recursos necessários para a viagem e... embarcou no primeiro avião!

ÁFRICA DO SUL – 1970 (PRETÓRIA E JOHANNESBURG)

Knobel assimilou a idéia e se prontificou a ajudar. Ele tornara-se tão amigo de Chico que, quando veio a São Paulo, mais tarde, hospedou-se em sua casa com sua mulher e Alleta Barnard, esposa do Dr. Christian Barnard, da África do Sul, o primeiro médico a realizar um transplante cardíaco no mundo.

Rocco Knobel logo telefonou para o diretor do Parque de Leões de Johannesburg, e expôs todas as dificuldades do brasileiro. Precisava de orientação para pôr o projeto em prática, e o diretor, um inglês, era um mestre nesse tipo de empreendimento.

Enquanto isso, o nosso ex-caçador permaneceria alguns dias no Kruger e, em seguida, viajaria para Johannesburg, onde se encontraria com o diretor do parque.

Em Johannesburg, o diretor do parque ofereceu a Chico um enorme jantar em sua casa, preocupando-se em ir apanhá-lo no apartamento onde estava. Chico estranhou tanta amabilidade daquele homem, que o vira pela primeira vez, mas o jantar decorreu razoavelmente bem, e acabaram marcando um encontro para o dia seguinte no escritório do empresário, onde acertariam os detalhes.

Ao chegar lá observou o escritório elegante, muito bem decorado, lembrando dinheiro, tradição e prestígio. Mas, ao contrário do dia anterior, o inglês o cumprimentou sem preâmbulos e foi direto aos negócios, de forma arrogante, surpreendendo-o com uma proposta em tom formal e distante:

– Se você me der 65% do seu negócio, eu fornecerei o *know-how*. Caso contrário, o assunto está encerrado!

Chico encrespou! Não tinha argumentos para rebater a proposta, e jamais poderia imaginar que o inglês fosse tão mercenário. Ficou paralisado, boquiaberto, surpreso demais para dizer qualquer coisa; afinal, não era comerciante! Mas, mesmo indignado, controlou-se a tempo. Precisava desesperadamente de *know-how* administrativo e técnico; conhecimentos sobre o "rangeamento", tipos e padrões de cerca para os animais e outras informações necessárias para implantar o parque em São Paulo. Na mesma situação, qualquer negociante experiente teria tentado um acordo, o que não era o seu caso. Tudo isso se passou em segundos, e Chico, desprevenido, levantou-se e declarou:

– Sinto muito. Acho que tudo não passou de

um lamentável engano! Obrigado pelo jantar.
– E, sem olhar para trás, saiu furioso.
Era inacreditável a proposta do homem! Não fora recomendado por Knobel para que o ajudasse e o orientasse? A indiferença do inglês foi sentida como uma punhalada em seu peito; viu-se em uma situação frustrante e sem esperanças.

À noite, foi visitar uns amigos. Sentia-se deprimido, e precisava conversar para tentar entender o que se passara. No entanto, ao mesmo tempo uma sensação de alívio inexplicável tomava conta de seu cérebro; afinal, sinceramente esperava que pessoas educadas fossem um pouco mais sutis... Assim, após alguns drinques, e com farpas nas palavras, desabafou:

– Filho da p...! Eu nunca poderia imaginar que uma pessoa indicada por Knobel fosse tão patife e quisesse tirar vantagem da minha situação!

Os amigos começaram a dar sonoras gargalhadas e, divertindo-se com sua ingenuidade, declararam:

– O que você esperava? É lógico que o tal inglês, sendo um homem de negócios, não iria criar nada sem cobrar depois! Você tem muito o que aprender! Não pense que as pessoas sejam tão altruístas a ponto de lhe oferecer *know-how* a troco de banana!

Chico parecia ter aprendido a lição, e ficou ainda mais revoltado quando percebeu o quanto havia sido ingênuo! No dia seguinte voltou a Pretória para conversar com Knobel descobrindo que sua indignação poderia ter sido ridícula, porém cabível. Knobel reagiu com fúria e, sentindo-se ultrajado e revoltado, bradou:

– Quando o assunto é preservação, não se age desse jeito! Mas que canalha!

Ficaram conversando por algum tempo, trocando idéias e analisando a situação. Precisavam sair daquele impasse. E foi então que surgiu o nome do Sr. Fourie, diretor de um pequeno parque de leões na África do Sul, no município de Krugersdorp. Imediatamente, Knobel telefonou para o homem, expressando-se em africâner (idioma da África do Sul) durante alguns minutos. No decorrer da conversa, Chico só entendia o nome do tal inglês, percebendo que as referências eram pouco lisonjeiras. A seguir, Knobel passou a falar em inglês para que Chico acompanhasse a conversa. Disse ao Sr. Fourie que a situação era delicada, pois a construção do parque em São Paulo fazia-se urgente e que seu amigo brasileiro não poderia permanecer muito tempo fora do Brasil.

Acertaram um encontro para o dia seguinte em Krugersdorp, localizado a 60 quilômetros de Johannesburg.

Chico foi recebido com indiferença pelo Sr. Fourie, que o aguardava com um de seus *rangers*. Ao ver os dois sul-africanos ali em pé, sem nem mesmo estender a mão para cumprimentá-lo, veio-lhe à lembrança as figuras de Mutt e Jeff, a dupla famosa dos quadrinhos do início do século XX.

Fourie, com menos de 1,60m de altura e o *ranger*, com quase 2 metros. Chico estava decepcionado, mas controlou-se para não ser indelicado.

"Oh Deus! Outro filho da p...! Ele bem que poderia me tratar melhor! Afinal, Knobel falou ontem mesmo com ele! Quem esse baixinho pensa que é? Bem, é melhor eu tentar um diálogo. Preciso dobrar esse camarada! Não posso perder esta última chance!", pensava.

Então, sem hesitar muito, pediu para tirar uma fotografia dos dois, na frente da grade que circundava o parque. Não era apenas paparico. Essa foto forneceria as dimensões da grade para o parque de São Paulo. Bastava consultar um técnico em fotografia, e as medidas seriam calculadas com exatidão.

– Creio que Knobel explicou ao senhor o meu problema. Eu preciso muito de sua ajuda!

– Qual é o tamanho da área de que você dispõe? – perguntou Fourie.

– Cem mil metros quadrados (4 alqueires).

– Mas isso é muito pouco! Não dá! – explodiu Fourie.

"Lá vem outro palhaço com essa expressão. É só isso que todo mundo sabe dizer?. Não dá?!", pensou Chico.

No entanto, dessa vez não titubearia. Se não havia conseguido negociar com o inglês de Johannesburg, agora não perderia essa chance. E usou uma excelente estratégia: aproveitando-se da confusão costumeira que se faz com a conversão de hectares, alqueires e acres, pensou um instante e "corrigiu":

– Ah! Eu me enganei nos cálculos. Desculpe. A área é de aproximadamente 300 mil metros quadrados, ou 12 alqueires.

– Bem, assim deve dar – assentiu Fourie. – É uma área ideal para um Parque de Leões. E o primeiro obstáculo acabava de ser superado.

Enfrentando uma barragem de descaso, Chico saiu com os três homens para visitar o Parque de Krugersdorp. Foi tratado como uma pessoa comum, e não como um futuro diretor de parques. Nenhum pormenor de real interesse fora mencionado até então.

Fourie era conhecido e procurado pela imprensa mundial por causa de uma proeza única no mundo, que somente ele tinha coragem de enfrentar. No seu parque, em uma área cercada de 20 mil metros quadrados, havia cinco rinocerontes agrupados, cada um pesando cinco toneladas. Rinocerontes são animais altamente perigosos e imprevisíveis, têm uma armadura grossa e dois chifres, que, na verdade, não são chifres, mas sim um aglutinado compacto de pêlos. Fourie, sem demonstrar nenhum receio, simplesmente entrava no recinto onde os cinco rinocerontes viviam, e ficava ali, no meio deles, sem nenhuma arma ou qualquer proteção, enquanto os animais o rodeavam desconfiados e nervosos.

Naquele dia, ao chegarem perto da área dos rinocerontes, pararam o carro e desceram. Com um saquinho de papel nas mãos, Fourie entrou no recinto e desapareceu. Meia hora mais tarde voltou, acompanhado por cinco "tratores": os rinocerontes. Aproximando-se dos cabos de aço que circundavam o local, exatamente onde Chico estava do lado de fora, perguntou em tom zombeteiro:

– Você não quer entrar?!

Na situação em que estava, a única coisa que poderia fazer era negar o convite e agradecer a "gentileza". Sem contar que sua paciência estava no limite com o tratamento que recebera até então. Mas algo o impelia – como sempre – para o desafio. Em alguns segundos, estava dentro do cercado, o coração batendo como marteladas dentro do peito. Ao seu lado, aquele homem baixinho, que alcançava apenas centímetros acima de sua cintura, e as 25 toneladas de rinocerontes!

O *ranger*, que estava do lado de fora do recinto, ficou espantado e logo acionou sua câmera para fotografar tudo. Com uma expressão sádica, sorrindo como se esperasse ver Chico trucidado, o homem estava pronto para documentar a tragédia: um homem sendo esmagado até desintegrar-se.

Fourie, dando sinais evidentes de surpresa e nervosismo, sussurrava, repetindo várias vezes:

– Fique atrás de mim! Fique bem atrás e bem perto de mim...!

Os animais começaram a dar sinais de irritação, bufando. Mas, felizmente, logo foram sossegados pela ração especial que Fourie havia trazido dentro do tal saquinho de papel. Enquanto isso, os dois homens saíam de marcha a ré, bem devagar; e Chico só contava com 1,60m de homem como escudo contra as 25 toneladas de animais. Para sair rapidamente do local, eles se jogaram por baixo dos cabos de aço que circundavam o recinto e, aliviados, alcançaram um barranco. Chico, com os nervos à flor da pele, pensava:

"Grande idiotice a minha! Agora é que não vou conseguir nada mesmo! Ofendi o único homem que poderia me ajudar. Mas que merda! Devo ter ultrajado irremediavelmente o ego desse baixinho!", e meneou a cabeça, desalentado. O impulso de enfrentar os rinocerontes tinha sido um erro crasso, e sabia que a façanha seria imperdoável. No entanto,

A foto do baixinho Sr. Fourie e um de seus rangers era estratégia de Chico para fornecer as dimensões da grade para o futuro Simba.

em seu íntimo, ainda havia esperança e, assim, decidiu seguir em frente com o projeto, mesmo sem saber de que forma ainda seria possível conseguir a ajuda de Fourie.

Sentado ao seu lado, o diretor do parque transpirava muito. Bem devagar, acendeu seu cachimbo e começou a fumar. Chico, ansioso, não tinha coragem de dizer nada. Estava realmente arrasado! Mas qual não foi seu espanto quando Fourie deu-lhe um tapinha no joelho e disse, sorrindo:

– Se depender de mim, você terá o seu parque. Também sou neófito em matéria de parques de preservação, embora venha lidando com animais há muitos anos. A cada dia, aprende-se um pouco, e as experiências se renovam. Mas você só sairá daqui quando eu tiver lhe passado tudo o que eu sei!

"Ah! Eu consegui!", pensou Chico, eufórico.

Na viagem de volta, já pareciam velhos amigos, e não demorou para que ele passasse a freqüentar a casa do sul-africano, por sinal magnífica, construída em um estilo que misturava o exótico e o convencional. Nessas visitas, tentava gravar mentalmente a decoração, imaginando que um dia teria uma casa parecida com aquela.

Aprendeu tudo, assimilando rapidamente os conhecimentos e a experiência de seu antecessor, e, após algumas semanas de treinamento e instruções oferecidas por Fourie, ele retornou a São Paulo, sentindo-se preparado para iniciar seu parque.

Além das lições obtidas com os melhores diretores de parques naturais da África, ele também possuía algumas características importantes para um bom empreendedor, com capacidade de liderança carismática e uma lúcida percepção do que queria, condições indispensáveis para um líder.

No entanto, da África acabou trazendo mesmo apenas uma planta da grade que circundava o parque dos leões de Krugersdorp. Dos conhecimentos técnicos de criação do parque bem pouca coisa poderia ser utilizada no Brasil. Afinal, compreendera que a mentalidade do povo brasileiro, com relação à vida selvagem, ainda não era bem definida. Os sul-africanos são contemplativos da natureza. Quando entram em um parque com mata bem alta, onde os leões se escondem, sentem um prazer imenso ao localizar alguns. Sabem que, se os animais não forem molestados, as chances de ver os felinos se movimentando durante o dia são de 50%, já que os leões têm hábitos noturnos e dormem cerca de 19 horas diárias.

Os brasileiros, porém, não se conformariam com isso. Precisariam ver os felinos em movimento, brigando ou lutando pela sobrevivência. Somente uma cena de "leões arrancando pára-lamas dos automóveis ou, então, devorando um animal inteiro", sensibilizaria o brasileiro desinformado.

O condicionamento de um leão nascido na selva é extremamente cruel. Tanto que, depois de condicionado, o leão jamais se aproximará de uma tela de arame, por receio e por instinto. No Brasil, teria que ser diferente. O condicionamento não poderia causar nenhum tipo de trauma aos animais.

Nos parques da África, logo no portão de entrada do recinto de leões, existe o seguinte aviso:

"VOCÊ ESTÁ ENTRANDO POR SUA CONTA E RISCO. FECHE OS VIDROS DO SEU CARRO".

No Brasil, isso não funcionaria. Seria necessário criar normas de segurança e distribuí-las ao público, pois a curiosidade natural é excitante quando se trata de ver leões soltos, faz esquecer o perigo que representam. Em geral, por falta de informação, o público pensa que, por estarem ali, deitados, com ar preguiçoso, são mansos ou estão sob o efeito de calmantes. E, apenas como início, um leão é capaz de saltar sete metros de distância, a partir de um ponto de repouso.

Os leões africanos em cativeiro comem, por semana, um boi ou uma vaca, sacrificados para alimentá-los. Aqui, teria que ser diferente, com rações diárias de carne. De forma que as técnicas de condicionamento utilizadas pelos sul-africanos seriam absolutamente inúteis no Brasil.

Pensando em tudo isso, ele passou dos planos à ação imediata, preparando os rudimentos do que viria a ser o Simba Safari – Parque dos Leões, que, alguns anos mais tarde estaria bem diferente. As perspectivas para o futuro eram ilimitadas.

capítulo

> " Se fosse partir de uma pesquisa de mercado como se faz hoje em dia, o Simba jamais teria existido. "

05

A VOLTA AO BRASIL E OS SÓCIOS DO SIMBA SAFARI

O primeiro passo era conquistar o interesse das pessoas pelo projeto, expondo principalmente o idealismo do investimento. Hermann havia indicado alguns possíveis investidores, que, mais tarde, seriam os futuros sócios do Simba, mas a negociação estava longe de ser acertada. Afinal, esses investidores queriam ver e estudar a base do orçamento para a criação do Parque dos Leões, e isso simplesmente não existia! Naquela época ninguém, nem mesmo Chico, poderia saber quanto iria custar a efetivação de um negócio pioneiro.

Mesmo assim, um mês depois, "apareceu" um orçamento. Evidentemente as especificações e os dados que o compunham foram tirados do bolso de um homem que, com sua determinação e espírito empreendedor, jamais se deixaria abater e permitir que uma grande idéia não se concretizasse por falta de alguns dados anotados em uma folha de papel. Porém, os futuros sócios não concordaram com o montante do orçamento e repetiam:

– É muito caro! Não dá!

"Ora, sem problemas!", pensou Chico por um instante. "Quem inventou um orçamento pode inventar outros dez diferentes!"

Percebeu que as cifras reais seriam incapazes de dobrar os futuros sócios. Se não se deixassem vencer pela beleza do empreendimento, ele tentaria usar a lógica. Seu plano era esboçar um orçamento atrativo e fácil de ser aceito. Não tinha dinheiro para fazer um projeto que envolvesse outros profissionais: arquitetos, engenheiros, economistas. O Simba nunca teve um engenheiro, mas contava com as opiniões oportunas do Dr. Cezar Pamio. Para conseguir o primeiro desenho, contou com a ajuda da atriz Guy Loup, famosa na época, que desenhava muito bem à mão livre e fez um mapa rústico do futuro Simba, enquanto Chico embalava o filho recém-nascido da moça, instruindo-a quanto ao projeto.

Para apresentar o projeto ao Conselho do Zoológico de São Paulo, mostrou o tal mapa. Divertida e irreverente, essa reunião contou com a participação do Dr. Mário Autuori e dos conselheiros do zoológico. A certa altura, enquanto Chico explicava os trâmites da edificação, os participantes, muito animados, começaram a imitar com a boca as várias vozes de aves. Chico, brincalhão que era, entrou na deles, e a reunião se transformou num verdadeiro protótipo de zoológico... E, claro, não faltaram os leões, que ele fez questão de inserir na conversa!

Desenho com uma projeção do
que viria a ser o Simba feito
pela atriz Guy Loup

O NASCIMENTO DO SIMBA SAFARI

Já com alguma malícia em fazer negócios, Chico pesquisou, sondando o pensamento de seus futuros sócios quanto ao montante que lhes seria simpático. Precisava levantar fundos para iniciar a construção do parque. Trabalhava no orçamento, tentando chegar a uma cifra que fosse aceita por todos. Foram horas de trabalho incansável, sentado em um pequeno banco, debaixo de uma lona esticada sobre quatro estacas de madeira, o que, em síntese, era a instalação provisória de seu "escritório". Papel dobrado sobre as coxas, anotava tudo o que seria necessário adquirir. Naturalmente, os preços foram improvisados de forma aleatória e "nas coxas". Assim o orçamento ficou pronto, com o saldo exato que os futuros sócios estariam dispostos a pagar. Usara aquela tática não porque fosse desonesto, mas sim por estar absolutamente certo de que o empreendimento traria prestígio aos sócios e, ao longo do tempo, o retorno do capital investido.

Ao apresentar o orçamento, a expressão e o seu tom de voz determinado acabaram por convencer os sócios, que antes haviam se mostrado relutantes em investir na criação do parque. Claro que o parque custou duas vezes mais do que o orçado, graças ao penoso processo de construção, sem planejamento, que os empreendimentos pioneiros sofrem.

Assim nasceu a empresa Simba Safari S/C Ltda. (Simba, no idioma suaíli, quer dizer leão, e

Safari, expedição, não obrigatoriamente de caça). Seus sócios, nomes de grande projeção em São Paulo, jamais se preocuparam com lucros e/ou prejuízos que a nova empresa poderia apresentar durante seu desenvolvimento, porque o investimento acabou sendo institucional. Norteavam-se por valores como os da solidariedade e do idealismo, o que condizia com as novas circunstâncias resultantes das conquistas científicas e tecnológicas da época. Tudo isso porque acabaram se envolvendo com o entusiasmo de Chico Galvão e carregaram juntos sua bandeira. Como pano de fundo, havia uma profunda identidade ideológica de todos os que entraram para a sociedade:

ALFREDO WERNER NYFFELER
ANTÔNIO DE BARROS ULHÔA CINTRA
ARMANDO CONDE
C.A.F. EMPREENDIMENTOS LTDA.
COMPANHIA AGRÍCOLA CAIUÁ
CEZAR PAMIO
FÁBIO GARCIA ORDINE
FRANCISCO MORAES BARROS
GASTÃO EDUARDO DE BUENO VIDIGAL
GASTÃO DE MESQUITA NETO
HERBERT VICTOR LEVY
HERMANN MORAES BARROS
JACOB KLABIN LAFER
JOAQUIM GABRIEL PENTEADO
JORGE ALVES DE LIMA FILHO
JOSÉ CARLOS REIS DE MAGALHÃES
JOSÉ ERMÍRIO DE MORAES FILHO
MARCOS VIEIRA DA CUNHA
ORLANDO FAUSTO ALCIDE
PAULO REIS DE MAGALHÃES
PAULO SÉRGIO COUTINHO GALVÃO
PLÍNIO CÂNDIDO DE SOUZA DIAS
* FRANCISCO LUIZ DE SOUZA CORRÊA GALVÃO

Primeiros Passos

O contrato com o zoológico exigia que o parque, com os primeiros leões soltos, deveria iniciar suas atividades no prazo de um ano. Por isso, não havia tempo a perder.

Imediatamente Chico contratou o topógrafo, Kasutoshi Ishibuia, que recrutou um assistente para examinar a área. Quando ele soube do projeto, além de apavorado – imaginando que houvesse leões soltos ali –, foi muito claro ao fazer uma observação que ficaria célebre durante todo o planejamento e a formação do parque:

– Não dá!

– Como não dá? – encrespou Chico. – Ora, ninguém pediu sua opinião! Trate de demarcar o perímetro e a locação das estradas, que é sua tarefa, e deixe o resto por minha conta. Eu decidirei se dá ou não – trovejou Chico, que já enfrentara mais problemas do que soluções entre as pessoas que o rodeavam. Afinal, acabaram ficando amigos. O topógrafo fez o projeto das estradas, entregando o estudo topográfico, talvez não acreditando que aquilo fosse dar certo.

Chico estava exaurido pelo longo tempo dedicado à elaboração do orçamento e ao trabalho de convencer as pessoas. O desgaste físico e as dificuldades de relacionamento com o pessoal, que já estava trabalhando no parque, obrigavam-no a combinar uma série de tarefas com a arte de conciliar os ânimos.

Para aliviar aquela tensão fez um aceiro. No meio da mata do futuro parque, acendia o fogo com gravetos e folhas secas, ficando nu ali no meio e transpirando muito naquela sauna improvisada. Meia hora depois, tomava banho frio com um esguicho, sentindo-se revigorado e pronto para camuflar qualquer debilidade ou fraqueza, mostrando-se obstinado, a fim de levar avante suas idéias, sempre disposto a pôr a mão na massa. Assim não dava margem a que os companheiros se mostrassem desanimados ou que reclamassem das tarefas.

Aos poucos a notícia foi se espalhando. Não havia como evitar os comentários discrepantes e contraditórios a respeito da modalidade do projeto Simba Safari, com seus animais livres e acessíveis à visitação pública. Críticas como "Esse louco vai encher as ruas de São Paulo de leões", e outras do gênero, chegavam aos seus ouvidos. Para avaliar a opinião das pessoas comuns, ele foi até o Viaduto do Chá e, em uma das esquinas, começou a parar os transeuntes a fim de conhecer a reação do seu futuro público em relação ao Parque de Leões. Perguntava o que achavam de entrar com o próprio automóvel num parque onde havia leões soltos. As pessoas se espantavam; algumas realmente o chamavam de louco. Se fosse partir de uma pesquisa de mercado, como se faz hoje em dia, o Simba jamais teria existido.

Nem mesmo seus amigos aprovavam a idéia completamente. Mas sua determinação servia de antídoto aos sentimentos de inveja que o rodeavam. No princípio, até Hermann havia vetado o plano! No entanto, essa descrença era compensada com incentivos de outros que acreditavam em negócios pioneiros. Gente jovem que simpatizou com a idéia, juntando-se ao pequeno time de devotados, que, naquela época, haviam deixado de lado outros interesses para dedicar-se somente aos trabalhos de criação do parque. Chico também percebeu que, apesar de toda a dificuldade, aquela oportunidade era única: ele tinha, Dr. Mário Autuori, a mata praticamente dentro de São Paulo, o apoio do zoológico e o comprometimento dos sócios. Pensava que consolidar o parque naquelas condições adversas seria como um balão de ensaio, um "show-room" do que ele realmente gostaria - um parque muito maior e mais completo.

A MATA PRIMITIVA DA ÁREA

A construção começou a partir do "ponto zero", que foi chamado de Lago da Partida. Como muitas coisas características e *sui generis* que aconteceriam com o passar do tempo, aquele nome enquadrava-se bem no espírito do parque. Não havia água nem depressão no Lago da Partida!

Chico convidou o sobrinho Antônio Carlos Corrêa Galvão, o Tony, para trabalhar com ele. Começaram a marcar as árvores que deveriam ser derrubadas, escolhendo aquelas que mediam menos de 7 centímetros de diâmetro. A partir daquele momento, começaram os primeiros de uma série de problemas que demandavam soluções práticas e imediatas. Os roçadores que se apresentavam, ao tomar conhecimento do serviço, ou seja, limpar uma mata que seria destinada a leões soltos, não aceitavam o trabalho por dinheiro nenhum. Recusavam-se invariavelmente, dizendo:

– "Tá loco! Se os leão vão vivê aqui, devem de tá em argum lugá. Di repente vão saí de trás de quarqué moita e comê a gente. Não, não. Num dá!"

Embora estivesse localizado no município de São Paulo, o local era ermo, e a grande dificuldade de comunicação dava a toda a equipe a impressão de estar a milhares de quilômetros de qualquer civilização. O único veículo que tinham era um Karmann Ghia conversível, que, claro, não era nem um pouco adequado para o serviço, mas, como tudo o mais, havia sido improvisado. E, como também não arranjaram colaboradores, eles próprios começaram a cortar as árvores podres, embora de vez em quando aparecesse alguém para ajudar. No mais, trabalhavam felizes, com as mãos cheias de bolhas...

Nos momentos de folga, Chico se preocupava: "Não sei como enfrentar esse orçamento para a abertura das estradas..." Mas nunca deixava transparecer essas preocupações. Seu modo de agir e falar e sua cara de "sabichão" escondiam seus receios e sua intimidação diante das dificuldades que teria de enfrentar. Para o pessoal, mostrava-se despreocupado e parecia jamais desanimar. Transmitir confiança era uma de suas qualidades, o que poucas pessoas têm, mesmo admitindo, mais tarde, que a situação era difícil e quase sem solução.

E não à toa essa característica seria a chave para sua sobrevivência e êxito nas negociações, tanto com os sócios, como com o pessoal do zoológico. Provavelmente, outro em seu lugar teria desistido! Mas Chico não era como os outros. Tinha habilidade para aplicar métodos e sistemas não convencionais a fim de realizar seus desejos.

Alguns dias mais tarde, como tiradas da cartola de um mágico, as idéias começaram a brotar e eram colocadas em prática, imediatamente. Conversando com Tony, ele declarou:

– Já tenho a solução para os nossos problemas! Tudo certo. Pode contratar os machadeiros – e, claro, não contou a ninguém o que estava maquinando!

Tony logo tratou de localizar os homens, voltando algumas horas depois com o orçamento dos machadeiros: 3 cruzeiros, moeda da época, o equivalente a 69 centavos de dólar por metro cúbico de madeira.

Sem se abalar, Chico foi às olarias da vizinhança para saber quanto pagariam pela madeira. Conseguiu vender por 9 cruzeiros (2 dólares) o metro cúbico de madeira ruim, pois, é claro, nenhuma árvore sadia seria sacrificada. O negócio foi fechado.

O Karmann-Ghia de Chico
em estrada recém-aberta no
interior do parque e o trabalho
de retirada de árvores

Cada metro cúbico de madeira do parque transportado para as olarias, depois de pagos os machadeiros, era trocado por 6 cruzeiros (US$ 1,38) de tijolos.

Os comerciantes gostavam de fazer negócios com o Chico. Suas transações comerciais, na base da troca, nunca prejudicaram os lojistas, que passaram a confiar nele. Sua palavra valia mais do que contratos assinados, pois haviam aprendido que ele era um homem absolutamente confiável.

Mas nem tudo eram rosas... Para dar andamento aos trabalhos de abertura da mata, necessitavam de um trator. E como conseguir isso sem pagar, uma vez que o orçamento estava para lá de justo? O diretor do zoológico foi procurado, e novamente prestou socorro, emprestando um velho trator de propriedade do zoológico, levado ao parque por Antônio Carlos da Fonseca Borba – o Gordo.

Manobrando o trator, Gordo foi se entusiasmando com a tarefa, passando imediatamente para o grupo de abnegados e aventureiros que já circulavam por lá, trabalhando e dando o sangue pelo parque.

"Esse trator é tão antigo e obsoleto que com certeza viajou nos porões das caravelas de Pedro Álvares Cabral!", pensou Chico.

E era verdade. O trator mais parecia um monte de ferro-velho pronto a se desintegrar a qualquer momento. Em cima dele, os obstáculos só eram vencidos após um dia inteiro de trabalho. A cada tentativa, o obstáculo caía de um lado, e a esteira do trator, do outro. Toda vez que a esteira caía (pesando aproximadamente 500 quilos), o Karmann Ghia funcionava como rebocador, geralmente ajudado pelos cavalos das carroças que se aventuravam por ali e que eram literalmente barradas. Os carroceiros eram pagos para emprestar seus pangarés, a preços mínimos, e tudo acabava em grandes risadas.

No dia em que o trator trabalhava sem quebrar era uma festa. Até os macacos bugios – fiéis observadores desde o primeiro dia de trabalho – "batiam palmas". Era uma "capela" de aproximadamente 120 bugios, nativos da mata atlântica. Mais tarde, seriam os causadores de um dos maiores congestionamentos do parque.

A ABERTURA DAS ESTRADAS

Por meio de contatos e amizades, Hermann conseguiu um trator emprestado de uma grande empresa construtora de estradas. Naquele momento esse era o equipamento mais precioso e esperado, já que resolveria o problema do final da abertura das estradas, mediante simples pagamento do óleo combustível.

E o trator chegou! Mas só poderia permanecer ali durante cinco dias. De qualquer forma, nunca um tratorista havia sido recebido com tanto entusiasmo e alegria! Havia júbilo na expressão dos homens que estavam trabalhando no Simba. E, para aproveitar melhor a máquina, trabalhavam em regime contínuo de 24 horas, revezando-se.

O receio de que o trator pudesse quebrar, antes de terminar a abertura das estradas, deixava os homens em constante expectativa, pois não estavam acostumados ao trabalho eficiente de uma boa máquina. Durante 6 meses só haviam trabalhado com o trator que quebrava a toda hora. Era tão grande a ansiedade que, nos últimos 400 metros de estrada, em vez de demarcar com piquetes, Chico resolveu ficar ao lado do tratorista para orientá-lo. Pediu para iniciar uma curva. Já eram quatro horas da manhã e, apesar do barulho ensurdecedor da máquina, o cansaço o venceu, e ele adormeceu! Quando acordou, viu que o trecho antes projetado para ser uma reta havia se transformado na famosa Curva do Sono, para absoluto desespero do topógrafo, que a todo momento via a curva de nível ser desrespeitada.

Esse desespero era na verdade motivado pelas constantes negativas de Chico. Tecnicamente, em certos pontos, a estrada deveria passar por uma árvore – a ser derrubada – com tronco maior que 7 centímetros de diâmetro, mas ele não permitia o corte e pedia ao tratorista que continuasse a estrada de forma a contornar a árvore. O assistente do topógrafo não se conformava em ter que respeitar as árvores e ver sua técnica universitária ir por água abaixo. Ficava louco da vida, e gritava sempre:

– Assim, não dá!

Enquanto a estrada estava em construção,

Chico teve uma idéia e foi procurar seus amigos da Siderúrgica Aliperti. Chegando ao corredor da empresa, colocou no chão o desenho que havia feito de um "mata-burro" para leões, pois queria uma opinião técnica sobre aquela idéia para a contenção dos animais em caso de necessidade. Atraídos pelo assunto, os funcionários da empresa juntavam-se ao grupo no corredor, congestionando a passagem. Num dado momento, agachado, Chico deparou-se com um par de botas que lhe lembravam a infância. Ergueu a cabeça e viu o pai de Ciro Aliperti, José, que esbravejou:

– Até aqui você vem me encher o saco?!

Isso fez Chico lembrar-se de suas traquinagens na infância. Os Aliperti eram seus vizinhos e, na falta de piscina em sua casa, ele pulava o muro para nadar na piscina deles. As broncas eram eternas e constantes. Em represália, ele enchia a piscina com folhas e outros objetos, o que gerava mais reclamações. Foi isso que resultou na explosão do Sr. José, depois de vinte e poucos anos. Após o desabafo, tudo acabou em risadas. Como grandes parceiros do Simba, continuaram a discutir o tal "mata-burro" para leões e, após estudos, chegaram à conclusão de que não seria exeqüível.

Finalmente, a estrada estava aberta, apesar do horror e da desaprovação do topógrafo e de seu assistente "Missilika" (porque comia mexerica o tempo todo e pronunciava o nome da fruta desse jeito), já que toda vez que encontravam uma árvore bonita, não importando o tamanho, saíam da curva de nível projetada, pois Chico havia dado ordens categóricas para não derrubá-la.

Missilika fora enviado ao Simba para instruir e coordenar a abertura das estradas, dentro das normas técnicas. Como não falava uma palavra em português, procurava expressar-se em inglês. Ninguém entendia nada (seu inglês era péssimo) e a única maneira de comunicação se dava através de gestos. Assim, conta-se que, uma vez, enquanto Chico tomava um refrigerante, "Missilika" aproveitou para ordenar a derrubada de árvores "proibidas", mas cujo corte estava de acordo com os parâmetros de sua curva de nível. Conseguiu derrubar algumas, apesar dos protestos do tratorista, que havia recebido ordens expressas para não fazê-lo. Foi quando Chico perdeu a paciência e interrompeu os trabalhos para explicar, por meio de gestos, que, se continuasse com a devastadora derrubada, o "enforcaria!" O topógrafo ficou impressionado e, para não se arriscar, nunca mais derrubou nada...

As dificuldades na pavimentação

As estradas do parque estavam abertas, prontas para serem pavimentadas. Organizou-se então uma reunião no Lago da Partida para decidir qual o material de pavimentação que seria usado: pedrisco, seixo rolado, asfalto. Quaisquer desses materiais estariam fora do orçamento, e foi aí que tiveram a idéia de recapear as estradas com escória de ferro. Para isso, contavam com a grande ajuda e total solidariedade dos diretores da Siderúrgica Aliperti, localizada nas imediações do parque.

Quando se pavimenta uma estrada com escória, há sempre sobra de ferro-velho. Essa sobra foi colocada à venda a fim de arrecadar dinheiro – uma das piores idéias que Chico já teve, pois as pessoas que trabalhavam catando ferro-velho não eram muito amigáveis... Numa ocasião estourou uma briga entre os catadores, e ele foi ameaçado com uma peixeira. Por sorte estava com um pedaço de pau na mão e conseguiu se defender.

Enfim, recapeadas com escória de ferro, as estradas ficaram todas desniveladas, cheias de buracos e lombadas. Necessitavam de patrol e rolo compressor. Mas onde arranjar? Procuraram patrolistas, onde quer que estivessem trabalhando, e perguntavam se queriam fazer um "biquinho", ganhando algum dinheiro. Assim, conseguiram levar uma máquina até o parque, aproveitando ao máximo a prática dos patrolistas. Assistindo àquilo, o pessoal da Siderúrgica Aliperti sensibilizou-se e emprestou uma patrol.

Restava o problema do rolo compressor, e a mesma estratégia foi empregada, de forma que, pouco tempo depois, conseguiram um rolo compressor emprestado da Administração Regional da Prefeitura

Municipal de São Paulo.

Mas ainda faltava o acabamento! Alguém fez uma sugestão: carepa branca. Mas que grande idéia! Mais uma vez, a Siderúrgica Aliperti ajudou! A carepa branca foi colocada em mais de um quarto das estradas. O resultado foi perfeito. As estradas ficaram tão bonitas que se podia jurar que brilhariam nas noites de lua! No entanto, naquela noite choveu... Foi uma das chuvas mais violentas da época! Choveu sem parar 74 milímetros de água, conforme informações do Observatório Meteorológico.

Na manhã seguinte, quando o pessoal do parque foi ver a linda estrada branca, a carepa branca havia escoado junto com a água da chuva. O clima animador logo foi quebrado. Ciro Aliperti sugeriu então a carepa preta, que aderia muito mais ao solo. E, até hoje, as estradas do Simba que não foram asfaltadas posteriormente estão recobertas com esse material.

Entretanto, o problema da carepa branca havia alertado a equipe para um problema maior, estrutural. Como as estradas haviam sido construídas durante a seca, ninguém tinha previsto a construção de um sistema de escoamento das águas pluviais. E como resolver isso diante da crescente escassez de dinheiro com que lutavam? Acabaram contratando operários e um "expert" no assunto. Em uma semana, iniciaram um sistema absolutamente maravilhoso para o escoamento de águas, que foi chamado de "como fazer um lago". Na outra grande chuva, não sobrou nada... Felizmente a prefeitura, por meio da administração regional local, resolveu o problema de vez.

Muitas pessoas, inclusive amigas, que tiveram conhecimento do projeto, foram visitar o Simba naquela época, com o intuito de debicar e criticar. Mas, ao final, saíram do parque encantadas!

capítulo

« Uma série de forquilhas, imaginada por um funcionário do zoológico, permitiu que as telas ficassem esticadas e firmes. »

06

Os mourões

Com a estrada finalmente pronta, uma nova etapa de criatividade precisava ser empreendida. Faltava o principal para terminar a obra: 700 mourões e as grades correspondentes. Como já era norma, novamente organizaram uma reunião para tentar descobrir a solução para o eterno problema da falta de dinheiro. As sugestões eram muitas: mourões de madeira, postes, estacas e, afinal de contas, será que seriam necessários tantos mourões?

Chico entrou em contato com alguns calculadores de concreto e pediu que solucionassem um problema que deveria ser simples para eles: qual a resistência necessária para uma massa dinâmica de 200 quilos, a 54 quilômetros por hora?

– Mas, o que é essa massa dinâmica? – perguntavam os calculadores, invariavelmente.

Depois da primeira vez que falou sobre o assunto, ele já sabia qual seria o resultado; no entanto, mesmo assim, explicava:

– A massa é um leão. Eles pesam 200 quilos e desenvolvem a velocidade de 54 quilômetros por hora.

– Está louco? Você nos desculpe, mas isso é muito perigoso! Nós não podemos assumir essa responsabilidade!

Como não tinha outra alternativa, Chico, sempre animado, pediu ajuda ao Dr. Pedro Padilha, secretário de Turismo na época, que conseguiu gratuitamente trilhos para fazer os mourões. Maravilha! Porém, onde arranjar dinheiro para o transporte dos trilhos do local onde se encontravam, fora de São Paulo? Para carregar tantos trilhos, arrumaram uma carreta enorme, e o pagamento foi em espécie: trilhos...

Durante a noite mesmo, começaram a cortar e dobrar os trilhos, com a ajuda do pessoal da siderúrgica. Então sentiram as primeiras torções, luxações e colunas vertebrais doloridas, pois o guindaste para os trilhos era constituído por Chico e o grupo "faz tudo" que compunha os pioneiros do Simba Safari.

Mas, apesar de todas as torções e luxações, finalmente os trilhos ficaram prontos para serem fincados no solo. Ao ver o primeiro trilho, com mais de 4 metros de altura, fincado e chumbado no chão, o grupo foi tomado por tremenda animação! E, àquela altura, essa animação era importante, afinal, havia muito trabalho pela frente, e a colaboração de todos era imprescindível para prosseguir com a construção do parque. Mas, felizmente, essa excitação sempre surgia a cada etapa vencida.

Durante os dia e grande parte das noite, a equipe levantou todos os trilhos. O trabalho era executado sob as luzes dos faróis dos carros e do jipe que haviam conseguido. Quando chegou ao Simba, esse jipe estava tão desgastado e em tal estado de deterioração que mais tarde foi tragado pela mata e nunca mais saiu de lá!

As telas

Os mourões estavam prontos para receber as telas e esse era mais um assunto que deveria ser resolvido. Evidentemente, nenhum dos componentes do grupo tinha a menor noção do custo por metro quadrado de uma tela específica, necessária para demarcar o território dos animais. Chico tinha plena consciência do que o esperava para prosseguir com o projeto. Até aquele momento, não havia planejado nada quanto a compra de telas, pois percebera desde o início da formação do parque que as coisas não poderiam ser solucionadas com antecedência.

Por absoluta falta de verba, qualquer programação não lhe daria condições de continuar a construção. Deveria somente assumir os problemas na hora exata de lhes dar solução, e já havia esboçado uma idéia.

Quando foi feita a primeira tomada de preços, alarmou-se. Sabia que o custo seria alto, mas nunca pensou que fosse tão caro! Parecia que não haveria condições de continuar! Mas, para não afligir o pessoal, não comentou nada com ninguém. Levar o problema a seus sócios seria correr o risco de ser tachado de louco. Andava o dia inteiro pelo parque, pensando, ponderando e, quanto mais via o que já havia sido feito e em que condições, voltava-lhe a convicção de que conseguiria vencer mais aquela etapa. Mas nada de a solução aparecer...

A única coisa certa era que ninguém seguiria adiante se não fosse pelo entusiasmo de Chico. Uma noite, após algumas doses de uísque, ele criou um *slogan* que iria salvá-lo: A tela que segura leão é a tela da fábrica do João!

Quando descobriu que uma fábrica de telas estava em plena guerra de concorrência com duas outras para conseguir um grande pedido, Chico partiu para a luta que seria a sua salvação. Durante um mês inteiro, usou de estratégia comercial e financeira, utilizando-se do jogo da oferta e da procura. Aproveitando-se da situação, ele inventava preços mais acessíveis, argumentando em seu proveito. Cada um dos três fabricantes ia baixando os preços para vencer a concorrência.

Em conseqüência, uma das fábricas acabou oferecendo melhores preços para atender ao pedido. O gerente e os vendedores da empresa ficaram grandes amigos de Chico, pois sempre visitavam a construção do Simba e, observando as condições desesperadoras em que estava sendo erguido, passaram a simpatizar e a se envolverem com o parque.

Mas os "melhores preços" ainda não eram os melhores para Chico, que, aproveitando-se do momento psicológico dos envolvidos, propôs uma redução tão violenta dos preços que, por pouco, não perdeu o negócio. O gerente da fábrica estava a ponto de desistir, quando Chico lançou a cartada, ou melhor, o *slogan* que havia criado e que poderia promover a fábrica. Com a possibilidade de uma boa campanha promocional, o negócio estava fechado! A tela foi comprada por um preço muito abaixo do mercado, e o pagamento, efetuado em suaves parcelas mensais, "a perder de vista"!

Os rolos de tela começaram a chegar. Entretanto, no momento de esticar a tela e instalá-la entre os mourões, surgiram os mais diversos problemas: a tela caía, ficava bamba ou "embarrigava". A solução foi dada por Osvaldo Batista, funcionário do zoológico, que, com uma engenhosidade incrível, conseguiu fazer a tela ficar esticada e firme com uma série de forquilhas. Aos primeiros 50 metros colocados, a alegria e a emoção pelos meses de sufoco que haviam passado explodiram! Os homens davam vazão à euforia, cada um à sua maneira, e os vivas ao velho Batista ecoavam por todo o parque. E assim, se algum dia tiveram dúvidas em relação à capacidade de concluírem o projeto, agora a equipe tinha certeza de que chegaria ao final da obra e abriria o parque dentro do prazo combinado com o zoológico.

Quando terminaram a instalação das telas, um novo impasse se apresentou: "Os leões talvez pudessem pular por cima...!" Decidiu-se aumentar então as especificações das grades internas, mas, mesmo assim, quando os animais fossem soltos, seriam mantidos oito guardas armados, fazendo a ronda da noite.

O JARDIM DO SIMBA E AS FLORES

Observando as árvores, Chico percebeu que não havia flores no parque. Sabia que as árvores com flores custavam um preço absurdo. Doação...? Ninguém faria! Só havia um jeito: subtrair de algum lugar! O parque manifestou sua gratidão às praças públicas de São Paulo, aos jardins abandonados, aos proprietários de chácaras e às famílias paulistas que gentilmente "doaram" perto de oitocentas plantas para o ajardinamento interno do Simba Safari.

Para o jardim externo, solicitou-se a ajuda da Prefeitura de São Paulo, mas, infelizmente, não houve resposta favorável. No entanto, dessa vez a sorte parecia estar ao lado de Chico. Ao voltar de uma boate, de madrugada, viu a solução: um monte de placas de grama destinadas a ajardinar a Avenida Paulista. Precisava de muito pouco e começou a colocar algumas placas no porta-malas do carro e no assento traseiro. A polícia chegou e tentou impedi-lo. Apesar da situação embaraçosa, Chico explicou que eram para o Simba Safari, um lugar público também.

Os policiais já tinham conhecimento do futuro parque, dialogaram e deixaram que a grama fosse subtraída! Como não havia dinheiro, esse era o único jeito de ajardinar o parque. E foi assim que o Simba Safari recebeu gramado, canteiros e uma bela diversificação de plantas.

capítulo

> « O treinamento dos *rangers* começou com aulas de tiro ao alvo e reuniões para que todos conhecessem os hábitos dos leões. »

07

Os jipes e os *rangers*

Inicialmente, os *rangers* eram universitários, e contavam com ajudantes, os primeiros funcionários contratados para preparar rações, vistoriar os animais e cuidar do parque. Após seis meses, os universitários foram saindo, e os funcionários – que também haviam ajudado a construir o parque –, tornaram-se *rangers*, sempre supervisionados e treinados por Chico. A palavra "ranger", aliás, foi introduzida por Chico, pois não existia uma expressão em português para designar uma pessoa que lidasse com a fauna e a flora de um parque de preservação.

Habituados a lidar com os animais, pois muitos tinham sido funcionários do zoológico, eram homens que reuniam as condições necessárias para um trabalho único no Brasil: Paulo Cardone, Manoel Teixeira da Silva e José Paulo Filho. No entanto, para o trabalho desses *rangers*, seriam necessários três jipes, que, claro, foram adquiridos por meio de um financiamento de longo prazo. Adaptados para a função, receberam uma pintura específica, listrados como zebras. Mas o diferencial não estava só na pintura exótica. Cada *ranger* fez pequenas modificações em seu jipe, de acordo com as necessidades, de forma que cada veículo caracterizava-se por um pequeno detalhe – fetiches, abajures etc. –, não perceptível à primeira vista, mas que os diferenciava dos demais.

O treinamento dos *rangers* começou com aulas de tiro ao alvo e longas reuniões, para que todos conhecessem os hábitos dos leões, sua periculosidade, tipo de alimentação, suas reações, força e sistema de ataque. Examinaram fotografias e livros científicos que o Simba tinha à disposição, e ficavam atentos a todas as orientações de Chico.

A ORGANIZAÇÃO DO PARQUE E OS PRIMEIROS LEÕES

O parque havia sido concluído um ano após o início das obras, e em dezembro de 1971 começariam a chegar os primeiros leões. Os funcionários do Simba foram orientados e treinados quanto à maneira de lidar com o público, apresentando-se com uniformes criados pelo próprio Chico e fornecidos pelo Simba Safari. Perfeccionista, Chico exigia ainda que cada funcionário se apresentasse com a melhor aparência possível. As recepcionistas deviam ser o cartão de visitas do parque. E todos acatavam tranqüilamente suas decisões, pois ele era o típico protetor infalível, com quem os funcionários sabiam que podiam contar. Afinal, tratava a todos com interesse genuíno, não importando se a pessoa fosse uma autoridade ou um modesto funcionário. Por isso podia ser exigente.

Tudo organizado, funcionários a postos, treinados, e recepcionistas bem-vestidas, chegara o dia da soltura dos primeiros leões. Estavam todos preparados para o que poderia ocorrer, instruídos especificamente para garantir a segurança pessoal, a dos animais e, futuramente, a dos visitantes.

A segurança dos visitantes e dos animais era garantida por uma eficiente equipe de *rangers*

SOLTANDO OS LEÕES

Sansão, Simão, Leôncio e Leonardo haviam sido cedidos pelo zoológico de São Paulo, e seriam os primeiros leões a serem soltos no Simba. Durante os quinze dias anteriores à soltura dos animais, Chico Galvão e Ladislau Alfons Deutsch, o biólogo do zoológico, não falavam em outra coisa, ponderando sobre o que poderia acontecer.

Toda a mídia foi convidada, comparecendo e dando total apoio e cobertura. Montaram um sistema de segurança em todo o parque, com os *rangers* muito bem equipados, armados e preparados para atirar em qualquer eventualidade de perigo; Chico Galvão, Ladislau e o chefe dos *rangers*, Paulo, estavam a postos, cada um em seu jipe.

A única forma de comunicação era por meio de gritos, pois ainda não havia dinheiro para comprar rádios intercomunicadores. Os quatro leões estavam presos em uma jaula, com a porta trancada e amarrada a um cabo de aço, a fim de possibilitar sua abertura a distância. Chico estava preparado para qualquer coisa que acontecesse, até para o pior. Apreensivo, mas com firmeza, procedeu a uma última inspeção e, pensando "seja o que Deus quiser", deu a ordem:

– Podem soltar os leões!

Leões são caçadores implacáveis. No entanto, aqueles animais saíram calmamente da jaula. Um a um, sem dar atenção aos jipes, começaram a explorar o parque. A emoção daquele momento foi descrita pelo próprio Chico: uma escola de samba no peito de cada membro da equipe.

Vagarosamente, Simão rumou em direção ao jipe de Chico. Com o coração na boca, ele engatou a primeira marcha e foi para cima do leão, que, ágil, escapou rapidamente do jipe, saltando para o lado. Assustado, o felino olhava o veículo com cara de idiota; parecia estar "pensando": mas o que aconteceu...?! Nesse momento, Chico percebeu que pelo menos o jipe seria respeitado pelos leões.

Os repórteres que documentavam a primeira soltura dos leões excitavam-se com o que estavam assistindo. No dia seguinte, os jornais estampavam nas primeiras páginas as fotografias do parque e os leões em liberdade.

Durante todo o dia, o pessoal do parque ficou observando o comportamento dos animais. Chico teve dificuldade para explicar aos funcionários que, por mais amigável ou "bonitinho" que fosse, um leão é leão, e não existe leão manso, mesmo que tenha sido criado com mamadeira. Quando ficasse enfurecido, reagiria como um leão, usando toda sua força. A jaula dos quatro leões localizava-se no corredor interno da entrada do parque. Cada vez que o pessoal passava por eles, do outro lado da grade, coçava-lhes os flancos sem que os bichos percebessem. Assim, os animais foram se habituando aos *rangers*, e isso foi de grande utilidade na hora de alimentá-los.

Glória Jorge de Andrade

Naquela noite, todos se instalaram em suas barracas de dormir, já que não tinham coragem de se afastar do parque, nem mesmo para comer! Lá pelas dez horas da noite, Chico e Paulo foram despertados por rugidos plangentes, que pareciam vir de muito perto das barracas. Dirigiram-se até as grades, onde foram recebidos pelos quatro gatões com grandes manifestações de alegria! Deram-lhes um pouco de atenção e, movidos pelo extremo cansaço, voltaram às barracas para dormir. Mas novamente urros, rugidos e lamentos! Imaginem, os leões estavam com medo da liberdade desconhecida! Para amenizar isso, colocaram as camas de campanha junto às grades e dormiram ali mesmo, ao relento, incomodados por milhares de mosquitos. Assim, todos dormiram relativamente em paz: os dois homens de um lado da tela, e os leões, encostados do outro lado, até clarear o dia.

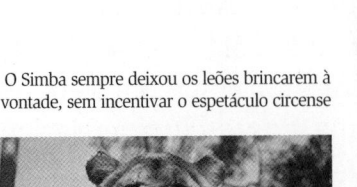

O Simba sempre deixou os leões brincarem à vontade, sem incentivar o espetáculo circense

Aumentando o bando...

Na manhã seguinte, uma nova prova de fogo os aguardava. Teriam de juntar os quatro leões, chamados de "os brasileiros", a outros três de procedência alemã: Aro, Kunzo e Arusha, a fim de formar um grupo maior. Chico então explicou:

– Leões são animais gregários e territoriais. Quando os machos de um grupo atingem idade suficiente para oferecer rivalidade aos líderes são normalmente expulsos, formando um outro grupo que irá lutar com outros leões pelo território e pelas fêmeas. Portanto, o nosso problema será justamente esse: juntar grupos de animais adultos. Se fossem animais jovens seria relativamente fácil, dentro de certas especificações. Porém, tratando-se de leões adultos, será bastante complicado, mesmo se conhecermos a forma e as condições para agrupá-los.

Assim, numa jaula separada trancaram os três leões alemães, a fim de soltá-los nas proximidades dos leões brasileiros, que já estavam soltos. Enquanto isso, os "brasileiros" iam sendo "rangeados" em direção aos três alemães. Aproximadamente a duzentos metros de distância, os dois grupos se defrontaram. Corações disparados, prontidão absoluta, os *rangers* observavam sem interferir. Os dois grupos de leões, curiosos e amedrontados, levaram perto de uma hora e meia para ficar a vinte metros um do outro. Observando-se mutuamente, de olhos vidrados uns nos outros, farejavam o ar e aproximavam-se aos poucos. O nervosismo dos *rangers* já estava chegando ao limite. Chico e Ladislau, cada um em seu jipe, olharam-se com expressões tranqüilas, fazendo gestos para os *rangers* a fim de assegurar-lhes de que tudo estava bem!

Simão, que na época era o líder dos leões brasileiros, começou a se aproximar de Aro. Não havia agressividade em suas feições. O brasileiro abaixou um pouco a cabeça, soltando um rugido amigável, e, assim, os grupos se juntaram num processo de reconhecimento. Dessa forma, estabeleceu-se o relacionamento entre os grupos, o que relativamente foi fácil, por causa da pouca idade dos leões alemães.

Os homens passaram o dia observando a adaptação do que então já era um só grupo. No entanto, na hora da alimentação, Aro demonstrou ter um apetite voraz, e houve um princípio de briga entre ele e Simão. Já Arusha, a mascote do parque, mostrou ser a mais astuta das criaturas. Usando todo o seu charme, tirava a comida da boca dos grandes machos e comia tudo sozinha!

Kunzo era um caso problemático! Tinha medo de tudo, até do pedaço de carne que lhe era atirado. Os outros leões estavam relativamente adaptados, mas Kunzo não comia. Acompanhava o grupo de longe e assustava-se com qualquer coisa. Chico e os *rangers* levaram três dias observando-o, tentando, de todas as maneiras, fazê-lo comer.

Foi então sacrificada uma cobaia, onde injetaram vitaminas e sais minerais em sua carne. Tentaram oferecê-la a Kunzo, mas ele logo se assustou. Sansão se aproximou e engoliu a cobaia inteira, apesar da interferência dos *rangers*. Foram necessários mais dois dias de tentativas e, afinal, a perseverança teve sua vitória: Kunzo aprendeu a comer com os outros leões, e finalmente o primeiro grupo de leões do Simba Safari estava formado e unido!

capítulo

> Após muita conversa, Chico resolve soltar no parque Feroz, o grande leão do Jardim Zoológico de São Paulo.

08

FEROZ – O GRANDE LÍDER

Nuno Vecchi, grande amigo de Chico, idealizador do extinto Exotiquarium de São Paulo e colaborador do Simba, deu a idéia de que os leões precisavam de um líder. Depois de muita conjectura, resolveram soltar Feroz, o grande leão do zoológico de São Paulo. Sabiam que, naquela tentativa, poderiam ter problemas sérios com os animais. Chico não acreditava que aquilo funcionaria, pois era evidente que haveria brigas. Mas, na falta de outra opção, resolveu correr o risco.

Trouxeram a jaula com o futuro habitante do parque. Com o esquema de segurança em ação, o grupo de leões já existente ia sendo "rangeado" por dois jipes e mantido no extremo sul do parque. Abriram a jaula! Feroz saiu com toda a sua majestade, lentamente explorando o local. Os *rangers*, que estavam no lado sul do parque com o grupo dos leões, começaram a movimentá-los em direção ao Lago da Partida. Chico, Paulo e Ladislau, cada um em seu jipe, estavam próximos a Feroz e não sabiam em que ponto o outro grupo estava se deslocando, já que não tinham rádio para se comunicarem. Feroz começou então a demarcar o território, urrando e urinando sem parar.

Movidos pela curiosidade, os outros leões aproximaram-se rapidamente e, quando viram Feroz, ainda a uma distância razoável, fugiram em precipitada corrida, cada um para um lado. Arusha passou pelos jipes "gemendo" de pavor! Diante daquela situação e impossibilitados de tomar qualquer atitude, os homens resolveram esperar.

Feroz continuava caminhando tranqüilamente, reconhecendo e demarcando o seu território pelo parque inteiro. Sansão e Simão uniram-se e, vagarosamente, caminharam em direção ao grande leão. Os jipes se aproximaram, preparados para qualquer emergência. Feroz percebeu-os e soltou urros de "senhor do território", já demarcado, fazendo o parque inteiro vibrar.

Mas os dois leões jovens continuaram a avançar, e a expectativa alcançou o pico de tensão. Nesse momento, aproximaram-se bem depressa, e, finalmente, Sansão e Feroz ficaram frente a frente, cheirando-se. A vitória já parecia certa quando de repente Simão atacou Feroz por trás e Sansão, pelo flanco. Os três rolaram aos urros, engalfinhando-se numa briga espetacular!

Os jipes avançavam tentando inutilmente separar os três leões. Para surpresa geral, Feroz saiu correndo, perseguido pelos outros dois, que já contavam então com a adesão de Leôncio e Leonardo, os quais se animaram e se uniram aos companheiros na captura do grande leão.

Como um cachorro apavorado, Feroz corria pelo Parque, assustado, com a cauda entre as pernas, perseguido pelos quatro leões jovens, que, finalmente, foram dominados pelos jipes. Feroz entocou-se e, assim, a paz do parque ficou prejudicada, contrariando todas as hipóteses aventadas por Nuno e Ladislau, que não acreditavam no que estava acontecendo, principalmente por causa da pouca idade dos atacantes.

Viam-se diante de um novo impasse. Todos davam sugestões, mas não conseguiam encontrar um meio de fazer com que Feroz desentocasse, nem mesmo para comer. O grande leão estava com medo e não queria enfrentar os outros animais. Os homens então resolveram recolher o grupo de leões para o corredor de entrada do parque, onde estavam as jaulas do zoológico, revezando-se num constante plantão para observar o comportamento de Feroz, durante 24 horas. Numa noite em que estavam de plantão, protegidos dentro do jipe, Chico notou uma sombra na boca do mocó onde o animal se entocara. Não teve dúvidas: Era Feroz saindo! Prontidão absoluta, arma na mão apontada em direção ao vulto, alertou Tony – rapaz ainda inexperiente com leões –, ordenando-lhe que atirasse somente a seu comando. Feroz demorou quase uma hora para percorrer o pequeno espaço entre a toca e o jipe, parando ao lado deste. Naquele momento nada poderia ser feito, nem mesmo acender os faróis. Teriam que aguardar em silêncio e sem se mover.

Sentado ao lado do jipe (que ainda não era protegido com grades nas janelas) e voltado na direção das jaulas do zoológico, a cabeça do leão alcançava a janela do carro, do lado de Tony. De repente Feroz urrou. Um urro que fez estremecer o veículo inteiro! Como Tony jamais tinha ouvido um urro semelhante e muito menos tão próximo, quase entrou em pânico. Virou a cabeça para o outro lado e tampou os ouvidos com as mãos.

Passado algum tempo, Feroz voltou a se entocar. Essa pequena aventura despertou em Chico a idéia de que uma leoa talvez pudesse resolver a situação, já que o leão saíra da toca, no meio da noite, a urrar por uma fêmea que estivesse no caminho. Os biólogos foram consultados e também concordaram com a idéia.

A leoa escolhida foi Luanda, que era ferocíssima. Soltaram-na pelo corredor que ligava o parque às jaulas do zôo. No momento em que abriram a porta, ao contrário de todos os outros leões, Luanda precipitou-se morro acima, dando saltos enormes e, numa velocidade incrível, atravessou o parque em segundos! Quando encontrou a tela protetora, jogou-se contra ela. Encontrando resistência, passou a dar voltas junto aos limites da grade, contornando-a numa corrida furiosa.

Todos os homens dirigiram-se para o local em que Feroz estava acuado, certos de que a leoa, beirando a tela, iria fatalmente encontrar o macho.

E foi o que aconteceu. Feroz, reconhecendo a fêmea, fez-lhe muita festa, dando pulos de alegria! Entretanto, Luanda estava decidida a continuar explorando o parque, e queria que Feroz a acompanhasse. O macho, porém, não se afastava mais do que cinco metros da toca. A leoa passou o dia todo insistindo para fazê-lo sair do lugar.

Enquanto isso o plantão dos homens continuava. Às duas horas da madrugada, o casal de leões saiu, vagarosamente, dirigindo-se para o ponto em que o grupo dos outros leões estava preso. Essa caminhada durou mais de duas horas. Pararam no barranco, a fêmea fazendo o possível para aproximar o macho das jaulas, e Feroz, com o mesmo empenho, tentava mantê-la perto dele.

O dia já raiava, e às cinco e meia da manhã o casal permanecia no mesmo lugar.

Chico então mandou abrir o portão do corredor e soltar Leôncio e Simão. Luanda percebeu o movimento e partiu decidida para cima deles, parando entre os dois com os dentes arreganhados, rosnando. Mas, felizmente, não chegaram a brigar.

Os homens estavam esgotados pela constante vigília. Prenderam novamente Leôncio e Simão, a fim de que pudessem dormir umas duas horas e depois continuariam a tentativa de apaziguar os leões.

Chico já estava dormindo em uma das barracas quando Paulo, desanimado, acordou-o, dizendo:

– O casal está cruzando no extremo norte do parque!

– Ah! Mas isso é natural – disse Chico. – A proximidade com o macho fez com que a leoa entrasse no cio! Vamos aproveitar a situação para soltar todos os leões. Desta vez vai dar certo... Como Feroz está cruzando, deverá impor-se perante os outros animais, equilibrando as forças dos líderes dentro do parque.

Quando soltaram novamente os quatro leões, Feroz justificou o seu nome. Avançou furiosamente sobre os quatro e, não fosse a interferência dos homens dentro dos jipes, teria matado Simão, que estava de barriga para cima, defendendo-se ainda, porém, com a garganta vulnerável. Mais uma vez inverteram-se as posições. Os outros leões é que fugiram de Feroz, apavorados.

Chico e os outros homens decidiram então prender os animais para soltá-los novamente no dia seguinte. Talvez, pelo fato de terem apanhado uns dos outros, a atitude de cada um mudasse por completo.

No dia seguinte, dia de Natal, soltaram o grupo inteiro na esperança de que demarcassem seu território. Lá pelas dezoito horas os homens avistaram Feroz. Simão agachou-se e, nessa posição, encaminhou-se lentamente em direção ao grande leão. Aproximadamente às onze horas da noite, Simão invadiu de vez o território de Feroz e então estourou uma briga, assistida pelo resto do grupo de leões, que não se atrevia a participar.

Simão era dado como perdido, mas conseguiu escapar, caminhando com dificuldade. Feroz saiu em sua perseguição, cortando caminho pelo meio da estrada e passando na frente do jipe em que Chico estava. Ele aproveitou a chance e engatou uma marcha reduzida no carro para poder prensar o leão contra o barranco (os pára-choques dos jipes eram protegidos por dois pneus, para não traumatizar os animais). Mesmo assim Feroz conseguiu escapar, e mesmo com grande dificuldade para respirar, continuou perseguindo Simão. Porém, com a intervenção do jipe, Simão havia tido tempo suficiente para desaparecer da vista do leão, que, apaixonado como estava por Luanda, vacilou entre perseguir Simão ou simplesmente voltar para a sua fêmea. A "paixão" acabou vencendo!

No entanto, desde então Feroz mostrou-se arisco e começou a atacar os jipes e todos os animais que se aproximavam. Não se podia esperar que a leoa saísse do cio para prender o macho Feroz, pois o parque estava a dias de ser aberto ao público. A experiência de unir todos os leões em paz realmente havia fracassado, com a agravante de que o casal enamorado teria de ser retirado do parque sem o uso de anestésicos. Foram necessários dois dias, seguidos de lutas e violentos ataques aos jipes, até conseguirem que Luanda entrasse no canicho, acompanhada pelo seu macho.

Os conflitos de opiniões geraram uma discussão. Nuno Vecchi dizia que os leões precisavam de um líder. Insistia que um novo leão, vindo do zôo, deveria ser o líder de um único grupo. Sabendo que seria outro desastre, Chico declarou, irritado:

– O comportamento desse leão é absolutamente normal. Nuno, eu o preveni sobre essa idéia maluca! Agora é preciso tentar consertar as coisas, que não vão funcionar desse jeito! – seu receio era de que os leões jamais pudessem ser agrupados novamente, e temia perder o controle da situação, caso experiências desse tipo continuassem.

Leão também fica doente!

Surgiu, então, um dos primeiros problemas de saúde com os animais. As moscas pousavam nas orelhas dos leões e as devoravam! Tratava-se da *Stomoxis calcitrans*, espécie de mosca que se alimenta de sangue, destruindo os tecidos.

Se elas continuassem a atacar daquela forma, por certo destruiriam completamente as orelhas dos animais, pois a orelha é recoberta de tecido pouco enervado, ou seja, pouco sensível. Assim, não se defendiam: ou por não sentirem muito as picadas ou, talvez, por pura indolência.

Depois de muito pensar, decidiram aspergi-las com repelentes, utilizando seringas de injeções, com o maior cuidado, pois era necessário evitar que o remédio atingisse os olhos dos animais. Porém, a solução não foi muito feliz. Em pouco tempo, assim que percebiam as seringas nas mãos dos *rangers*, os leões disparavam pelo parque.

Como de praxe, foi convocada uma reunião geral para discutir a questão. Mas não chegaram a uma solução definitiva, e o problema ultrapassou os limites do parque, chegando ao conhecimento de outros setores. À medida que o assunto se tornava conhecido, idéias e sugestões apareciam. Todas excelentes, mas impraticáveis, a não ser que fosse possível segurar os leões para aplicar-lhes os medicamentos, o que seria o mesmo que "colocar um guizo no gato!"

Certo dia, movidos pelo desespero, Chico e os técnicos do zoológico decidiram plastificar as orelhas dos leões. Durante cinco dias, tudo correu bem, mas, depois, as moscas voltaram a atacar. Com o tempo observaram que, nos machos, a própria juba impedia que os insetos pousassem nas orelhas e que, em geral, a natureza se encarregava de formar uma película protetora nas fêmeas e nos filhotes, embora isso só acontecesse depois de as orelhas estarem praticamente comidas. Após inúmeras tentativas, surgiu a idéia de aplicar um preparado à base de citronela e vaselina; e, finalmente, o problema foi resolvido.

O ACIDENTE QUE MATOU PAULO, O PRIMEIRO *RANGER* DO SIMBA

Paulo Cardone fora funcionário do zoológico de São Paulo. Era uma pessoa com muito jeito para lidar com animais e tornou-se o chefe dos *rangers* do Simba, depois de ter ajudado na construção do parque. No entanto, não acreditava no perigo que os animais representavam e gostava de mostrar aos outros como se entendia excepcionalmente com eles.

Do grupo dos leões brasileiros, dois deles haviam sido criados por Paulo na mamadeira. Ele os considerava como amigos. Chico vivia insistindo que eram animais ferozes. Não podia entender a imperícia do *ranger*, que acabaria levando-o à morte.

O acidente parecia inexplicável. Paulo era um *ranger* experiente! Chico resolveu então investigar os acontecimentos daquele dia fatídico, e acabou descobrindo que o ranger fora totalmente irresponsável!

Na tarde do acidente, Paulo entrou sozinho no parque levando consigo o sobrinho de cinco anos em seu jipe – o que era proibido; afinal qualquer criança exerce uma fascinante atração sobre os felinos, que querem "brincar" com ela, mas acabam por matá-la.

Com o sobrinho na parte de trás do jipe, Paulo começou a alimentar uma leoa, atirando-lhe pedaços de carne. Em um dado momento, abriu a porta do jipe e chamou a leoa para dar-lhe o alimento diretamente na boca. A leoa Arusha viu a criança e, fascinada, deu-lhe uma patada! Acertou-lhe a cabeça e traumatizou o nervo óptico do menino, fazendo-o desmaiar. Reagindo imediatamente com um movimento brusco, Paulo, que não tinha nenhuma arma no jipe – o que também era proibido –, deu um pontapé na cara da leoa.

Essa seqüência de fatos parecia a mais plausível, mas ninguém sabia exatamente, pelos menos até então, o que tinha ocorrido. Presumia-se ainda que Arusha, por causa da quantidade de sangue que tinha no focinho, arrastou Paulo para fora do carro. Ele se agarrou na direção e na porta do jipe, que foi encontrada a quatro metros do local! Paulo foi arrastado pelo grupo de sete leões para o lago grande onde, já morto, foi resgatado por Chico e pelos outros *rangers*.

Infelizmente, por irresponsabilidade, Paulo parecia ter desrespeitado pelo menos cinco regras de segurança: estava sozinho, não tinha arma, estava com uma criança no jipe, abriu a porta e alimentou um animal diretamente na boca, o que lhe custou a vida. Quanto à criança, o Simba Safari deu toda a assistência e cobertura, pagando mais de oito cirurgias plásticas.

No entanto, a descoberta desse total descuido e descumprimento das regras de segurança do Simba se deu por acaso, alguns anos depois, em um bar que ficava nas proximidades do parque. Certo dia, o Gordo foi àquele bar para tomar um refrigerante, e lá encontrou uma pessoa que fora internada no Hospital dos Defeitos da Face com o sobrinho de Paulo.

Conversando com o Gordo, o rapaz perguntou:
– O senhor é do Simba Safari? Lembra-se daquele acidente horrível?

– Quem poderia esquecer?! Mas por que está perguntando? – retrucou o Gordo.

Então o rapaz passou a contar.

– Estive internado no Hospital dos Defeitos da Face ao lado do sobrinho de Paulo, na época do acidente. Ele me contou todos os detalhes da morte do tio! – e então passou a relatar o que o garoto havia contado, que coincidia com o que foi relatado anteriormente! Do contrário, o pessoal do Simba jamais teria sabido a verdade.

Daí em diante, não houve um só dia em que Chico não se afligisse com o toque do telefone. Temia que outro acidente pudesse acontecer. Não adiantava ouvir dos amigos que uma tragédia como aquela não poderia mais ocorrer. Afinal, o *ranger* fora imprudente, pensando que a leoa já o conhecia e não lhe faria mal! Ele havia tomado todas as providências para que o passeio ao Simba fosse seguro e que nenhum ranger trabalhasse sozinho. Era proibido entrar no parque sem o apoio de um companheiro! Isso provava que os leões do Simba não eram amestrados ou submissos. Eles eram "condicionados", mas continuavam selvagens.

Chico tinha um lema que era regra em sua vida: "Eu tenho motocicleta, faço acrobacias aéreas e lido com animais selvagens; se você quiser se exibir por meio de qualquer uma dessas atividades, estará procurando a morte". Infelizmente, a maioria das pessoas que lida com animais selvagens gosta de aparecer e mostrar suas habilidades, correndo risco de morte.

capítulo

> **“** Toda vez que o Chico dizia para uma empresa transportadora que a carga era formada por 14 leões, os gerentes o tratavam como idiota e gozador. **”**

09

AQUISIÇÃO DE NOVOS LEÕES PARA A INAUGURAÇÃO DO SIMBA SAFARI

Não havia condições de inaugurar o parque com um número tão pequeno de leões, a não ser que a área fosse limitada com grades de menor perímetro, o que significaria gastos muito elevados.

O zoológico de São Paulo sabia que em Mendoza, na Argentina, existiam mais de oitenta leões. Os primeiros contatos telefônicos pareceram bastante promissores, embora o zoológico de lá não tivesse sido claro quanto à quantidade de leões jovens existentes. Chico e Ladislau viajaram para Mendoza a fim de verificar a possível importação de animais para São Paulo.

Chegando lá, verificaram que havia apenas sete filhotes, sendo que os leões adultos mostravam sinais evidentes de consangüinidade. Entretanto concluíram que um grupo de boa índole – embora de animais adultos – ainda teria possibilidade de ser condicionado para se juntar ao grupo dos sete leões brasileiros. Selecionaram então, além dos filhotes, sete leões adultos, que, reunidos aos brasileiros, somariam vinte um animais – um número satisfatório para a abertura do parque ao público.

Durante os entendimentos em Mendoza, Chico insistia que um determinado leão era de índole boa e outro de índole ruim. Assim, de um em um, ia classificando todos os animais que lhe eram mostrados. Houve muita brincadeira entre os homens que discutiam o assunto, pois, de certa forma, haveria interferência na escolha e na decisão de compra. Naturalmente, o diretor do zoológico argentino usava de toda sua benevolência, já que estava interessado em vender o maior número possível de leões.

Para garantir que sua seleção estivesse correta, Chico propôs a classificação de todos os leões do zoológico argentino, numa espécie de jogo, onde o tratador seria o juiz. Dentre sessenta animais que examinou, acertou noventa por cento na classificação do temperamento dos animais. O tratador, homem simplório, passou a acreditar que Chico fosse uma espécie de mágico e clarividente, ficando muito impressionado. Com isso, o relacionamento tornou-se mais cordial, e a compra dos quatorze leões foi facilitada.

Transportando leões da Argentina para o Brasil

Foram necessários treze dias para solucionar o problema de acomodação dos leões e o devido transporte para São Paulo. Toda vez que Chico dirigia-se a uma empresa transportadora explicando que a carga a ser transportada eram quatorze leões, os gerentes das empresas o tratavam como idiota e gozador, pois pensavam que queria divertir-se às custas do povo argentino.

Finalmente, uma das transportadoras sugeriu colocar os leões em uma jamanta, transportando-os com segurança e o maior conforto possível que poderiam proporcionar aos animais: alimentação, água e climatização favorável.

Surgiu então o problema da emissão dos certificados veterinários e outros papéis necessários para o transporte dos felinos. Todos os argumentos foram esgotados, porém não houve quem assinasse os tais documentos. Já absolutamente irritado e com a paciência chegando ao limite, Chico resolveu embarcar os leões de qualquer maneira, utilizando um certificado do Zoológico de Mendoza atestando a sanidade dos animais! Evidentemente aquele atestado era válido, mas não para certas finalidades burocráticas de fronteira, onde os leões foram retidos.

Os leões, mal acomodados nos pequenos espaços, mostravam-se realmente ferozes! A pedido do veterinário José Emílio Gazull, o prefeito de uma das cidades fronteiriças mostrou-se solidário e ordenou que fossem abatidos dois bois para alimentá-los. Dois dias depois, a alimentação havia terminado, e nada de liberarem a passagem dos animais pela fronteira.

A situação ficava cada vez mais insustentável. Num determinado momento, houve necessidade de remanejar as jaulas em cima da jamanta, e, como confusão atrai confusão, o fundo de uma delas se desprendeu e, por pouco, não escaparam três leões!

Foi então que a incrível presença de espírito do brasileiro Chico Galvão se manifestou. Já que não havia cooperação ou entendimento possível, ele, em tom muito sério, deu ordem para que os leões ficassem na fronteira e dispensou o pessoal da transportadora:

– Deixem os leões aí e vão embora!!

Com aquela frase mágica, provocou um tremendo reboliço. Ninguém mais se entendia. Por sorte, algumas horas depois, os papéis chegaram às mãos da fiscalização de fronteira, pois, sem que Chico soubesse, a legalização da entrada dos leões no Brasil já havia sido providenciada pela Fundação Parque Zoológico de São Paulo, com todas as formalidades burocráticas preenchidas.

A CHEGADA DOS NOVATOS

Chegaram a São Paulo depois de oito penosos dias de viagem, mas em boa forma graças aos cuidados do Dr. Gazull que enfrentou verdadeiras brigas durante o transporte dos animais. Imediatamente iniciaram o processo de aproximação dos novatos com os leões do parque, que consistia em deixar os animais em jaulas contíguas, onde poderiam observar-se mutuamente e brigar por entre as barras de ferro.

No período de quarentena, a equipe do Simba Safari e os biólogos, comandados por Ladislau, colocaram os leões na jaula de contenção – equipada com barras móveis que se estreitam, imobilizando o animal. A equipe de veterinários do zoológico colhia fezes, sangue, enfim, todo o material necessário para exames de diagnose e posterior tratamento, vacinando os leões recém-chegados. De dentro das orelhas de cada animal foram retirados, em média e à pinça, trinta enormes carrapatos! Cada vez que tiravam um, o animal sentia dor e urrava com toda a força de seus pulmões. Noutra ocasião, um dos animais padecia de um berne enorme na parte anterior da pata dianteira. Para retirá-lo, colocaram o leão na jaula de contenção, ajustaram bem apertado e deram-lhe uma laçada na pata. Onze homens seguravam a corda puxando a pata para fora da jaula. O veterinário extraiu o berne, mas, enquanto o fazia, deve ter tocado sem querer, com a pinça, um nervo. O bicho puxou a pata bruscamente, e os onze homens foram derrubados; o primeiro da fila fraturou o ombro ao bater contra a jaula. Isso dá idéia da força de um leão!

Os esforços eram muitos. Tudo se fazia para manter os animais em quarentena sadios. No entanto, ao observar aqueles leões argentinos, o quadro era desanimador! Parecia pouco provável que houvesse aceitação entre eles e o grupo de leões brasileiros. Mas, como sempre, precisavam tentar!

O ENCONTRO

Armados com mangueiras, pedaços de pau, ferro e armas anestésicas, colocaram na mesma jaula

Sansão e um dos leões argentinos. O brasileiro dominou imediatamente a situação, ficando em pé e rosnando, enquanto o argentino permaneceu em posição subserviente. O mesmo processo foi usado com os outros leões, com resultado idêntico, isto é, os leões brasileiros sempre dominavam os argentinos, porque já se encontravam no próprio território. Assim procederam, um a um, dois a dois, até conseguirem juntar um grupo de animais que, evidentemente, não se toleravam. A todo momento estourava uma briga; mas a pronta interferência dos *rangers* acalmava as feras.

Pela lógica, seria impossível tentar colocar os sete filhotes argentinos junto aos quatorze leões adultos, ou quase adultos. Decidiu-se então que o grupo de filhotes ficaria no extremo sul do parque, e os grandes, no extremo norte. Para maior segurança, espalharam jipes por todo o parque, a fim de evitar que os dois grupos se encontrassem. E assim foi! Os brasileiros já estavam condicionados aos movimentos dos jipes, e os argentinos, por submissão, permaneciam agrupados junto aos veículos.

Todavia a baderna continuava. Os leões faziam mais ou menos o que queriam, e davam um trabalho enorme aos *rangers*, que eram obrigados a entrar em ação constantemente.

No entanto, com paciência, os *rangers* lentamente foram aproximando um grupo do outro e, dentro de um mês, conseguiram juntar os animais num só grupo. O entusiasmo foi geral, mas logo a alegria arrefeceu, pois Chico chegou à conclusão de que, se houvesse um único grupo de leões, os visitantes do Simba teriam de percorrer quatro quilômetros para – somente numa extensão de cerca de 50 metros – observar os leões juntos!

Assim, novamente teriam de separar os animais, e a dificuldade em desagrupá-los foi tão grande quanto o trabalho que tiveram para juntá-los. Tinham vontade de chorar! A inauguração já estava programada e, dentro de poucos dias, os portões do Simba Safari seriam abertos ao público.

Por fim, a duras penas, conseguiram separar os leões, embora persistisse o velho problema: agora que pertenciam a três grupos diferentes, toda vez que se encontrassem armariam uma briga horrorosa!

Mas Chico sempre se saíra bem em tudo o que tentara fazer, possuía a necessária garra para vencer e sentia que seu futuro seria brilhante. Estava pronto para qualquer desafio, e chegara a hora de ser o dono do seu próprio negócio. Sentia-se autoconfiante e esperou pelos resultados. Na certa seria bem-sucedido! Afinal, ele pensava, "não faltariam patrocinadores e pessoas que enxergassem o potencial do Simba". Dessa forma, as perspectivas para o futuro eram ilimitadas, o que abriria as portas para que seu futuro fosse para lá de feliz.

E foi assim que, arrojado e com toda a garra e entusiasmo, Chico Galvão decidiu inaugurar o Simba Safari de qualquer jeito, o que ocorreu no dia 3 de março de 1972!

capítulo

> *Houve emoção, êxtase, alegria e perplexidade entre os convidados à inauguração. Aquele movimento desordenado dos leões virou atração.*

10

A INAUGURAÇÃO

Os primeiros convites foram enviados ao então governador do Estado, Sr. Laudo Natel, e ao prefeito de São Paulo, além de autoridades federais, estaduais e municipais. A cerimônia de inauguração seria presidida pelo governador, que utilizaria um carro Ford Galaxie.

Para fazer uma espécie de "ensaio" da inauguração, Chico conseguiu um Galaxie igualzinho ao do Palácio do Governo e foi dar uma volta pelo parque. Não deu outra! Chegando à curva da "merda", o carro não conseguia subir de forma alguma.

O nome daquela curva não foi dado por simples deliberação. Tudo de ruim acontecia ali: o trator quebrava, as árvores daquela área foram derrubadas com maior dificuldade e, por acréscimo, o lugar cheirava muito mal!

Depois do teste com o Galaxie, não havia como escapar. Teriam que asfaltar a tal curva, mesmo com os leões em liberdade. Contrataram às pressas cerca de vinte operários que, no entanto, só iniciaram os trabalhos por volta das três horas da tarde do dia anterior à inauguração, monopolizando toda a equipe de segurança e prevenção do Simba.

 Nesse mesmo dia, estavam sendo construídos os "rondáveis" – construções circulares típicas da África, com paredes em alvenaria e telhados cobertos com sapé, destinadas à instalação da bilheteria. Futuramente seriam construídos outros quatro "rondáveis", onde ficaria a área comercial. Chico já sabia que um empreendimento daqueles funcionaria comercialmente se tivesse loja de alimentação e boas instalações, com sanitários. Isso seria sempre um problema por causa da falta de espaço, inclusive para estacionamento, cujo espaço disponível comportava apenas noventa vagas. Os quatro rondáveis projetados seriam destinados a fornecer *hotdogs*, sorvetes, plantas ornamentais, *souvenirs* e objetos típicos. Isso funcionou durante algum tempo, e, mais tarde, a lanchonete foi instalada. Todos esses trabalhos eram coordenados diretamente por Chico, que contava com a ajuda do Gordo na construção dos "rondáveis", orientado por meio de walkie-talkie.

SIMBA SAFARI, 3 DE MARÇO DE 1972

 Finalmente, o dia da inauguração para os primeiros convidados chegara. Francisco Galvão iria realizar o seu sonho! Os leões, como que pressentindo qualquer coisa diferente, resolveram amanhecer agitados e incontroláveis! Brigavam, separavam-se e misturavam-se, em uma completa confusão! Mas Chico não tinha escolha. O parque teria que ser aberto de qualquer maneira, pois, do contrário, não haveria explicação plausível. Uma decisão dessas exigiu muita coragem, mas, felizmente, tudo deu certo!

Houve emoção, êxtase, alegria e perplexidade entre os convidados! Em vez de problema, aquele movimento desordenado dos leões transformou-se em atração. Ao governador Laudo Natel e aos quinhentos convidados presentes, parecia existir um grande número de leões a cada cinqüenta metros, já que, com a movimentação, os felinos apareciam nos lugares mais incríveis e inesperados.

Estavam presentes todos os representantes da imprensa, rádios e canais de televisão. As fotografias do Simba Safari foram publicadas nas primeiras páginas de quase todos os jornais, e os canais de televisão mostraram a cerimônia de inauguração, em todos os seus detalhes.

O governador Laudo Natel estava eufórico e, a pedido de um fotógrafo, abriu o vidro do carro bem no meio do setor dos leões, para que a foto ficasse melhor. Foi a primeira pessoa a infringir a principal regra das normas de segurança do parque!

O impacto da inauguração evidenciou o interesse do público em geral e deu a Chico a certeza de que o Simba seria levado a bom termo. E, naquela noite, dormiu tranqüilo, com certo gosto de conquista, afinal sua sorte estava lançada!

Simba safari, 4 de março de 1972 – aberto ao público

A alimentação fora cortada no dia anterior, a fim de ser distribuída no dia seguinte, quando o Simba Safari seria aberto ao público em geral.

A carne seria dividida de forma a ser distribuída durante as oito horas de funcionamento do parque. Com essa medida, haveria 60% de chance de manter os leões em seus territórios já demarcados. Deu certo!

A partir de nove e meia da manhã, as filas de automóveis estendiam-se por mais de cinco quilômetros! Durante dois dias, esse afluxo de carros e pessoas permaneceu constante. O público, no entanto, não procurou informar-se sobre o processo de funcionamento do parque, muito embora a imprensa o tivesse divulgado amplamente, durante os seis meses anteriores à inauguração, inclusive alertando sobre as normas de segurança do Simba.

Num Volkswagen amontoavam-se o motorista, a mulher, os filhos, os amigos dos filhos, a babá, os bebês e, até, os cachorros! Com todo esse "conforto" dentro do veículo, esperavam na fila durante duas ou três horas. Quando finalmente chegavam aos portões do parque, eram delicadamente advertidos de que, por motivo de segurança e em benefício deles mesmos, não seria possível entrar com o veículo lotado daquele jeito.

Invariavelmente vinha a observação:

-Isso é proposital! É um golpe! Vocês querem ganhar mais dinheiro! – naquela época, o ingresso do Simba Safari custava vinte cruzeiros, o equivalente a nove reais.

As recepcionistas explicavam pacientemente toda a problemática do parque. O perigo que iriam correr, sem necessidade. Como solução, sugeriam que metade dos passageiros do automóvel aguardasse fora do parque, enquanto o veículo faria sua volta normal. A segunda volta, com a outra metade dos passageiros, seria inteiramente de graça.

Congestionamentos intermináveis

No início de suas atividades, o pessoal do Simba Safari ainda não havia descoberto a melhor maneira de movimentar os animais para que o público visse e sentisse a liberdade dos felinos. Como se sabe, o leão é um animal de hábitos noturnos e, durante o dia, mantém-se em inércia.

A maioria das pessoas que ia ao Simba esperava encontrar os leões brigando, caçando ou estraçalhando-se mutuamente, em correrias desenfreadas pelo parque, ou, quem sabe, assistir a um dos felinos arrancando uma criança de dentro do carro, desde que não fosse um de seus filhos, claro. Era o sadismo natural, provocado pela vontade de sentir novas e fortes emoções.

Glória Jorge de Andrade

Cena do funcionamento do Simba Safari

Assim, desconhecendo por completo os hábitos dos felinos selvagens, decepcionavam-se ao encontrar um bando de leões deitados, com ar sonolento. Imaginando espetáculos circenses, paravam os automóveis e ficavam esperando que acontecesse alguma coisa. Com isso, acumulava-se o número de carros à espera e, conseqüentemente, o parque ficava caoticamente congestionado. Para evitar essa situação, os *rangers* procuravam movimentar os animais, o que terminava fatalmente em uma invasão de território entre os grupos de leões.

Era um verdadeiro enigma! Havia três grupos de leões: norte, centro e sul. Os carros paravam próximo ao grupo sul, congestionando a primeira etapa do parque, até a entrada. A movimentação desse grupo agitava os leões do grupo central, que por sua vez saía em perseguição aos leões do grupo norte, os quais acabavam se espalhando. As pessoas que estavam dentro do carro, no meio do congestionamento, ficavam impossibilitadas de ver os leões dos grupos norte ou centro e, quando se aproximavam do terceiro grupo, corriam o risco de não ver nenhum, pois o movimento dos leões agitava o grupo do centro, que agitava o do sul, e assim por diante.

E era assim que alguns visitantes, depois de enfrentar uma fila por mais de duas horas, conseguiam finalmente entrar no parque. Aí, para percorrê-lo, levavam outras duas ou três horas com os vidros dos carros fechados, debaixo de um sol intenso, sufocando de calor e... não viam nenhum leão!

Chico acompanhava esse caos através do rádio. Era necessário fazer alguma coisa. Quando um dos *rangers* avisava que havia um "estouro" – o que ocorria três a quatro vezes nos sábados e nos domingos –, o diretor do Simba ficava no portão de saída com notas de vinte cruzeiros nas mãos.

Pedindo desculpas, devolvia o dinheiro dos ingressos e ainda oferecia, como brinde, um adesivo do Simba Safari para colar nos vidros dos carros.

O amigo Nuno Vecchi colaborava, ajudando na portaria do parque. Recebia os visitantes e procurava orientá-los. Espirituoso, sempre tinha uma brincadeira engavetada. Certo dia, um visitante terminou o passeio aborrecido, dizendo que não tinha visto nenhum leão. Isso era impossível! Os animais naquela época já estavam condicionados. Desconfiando de que ele estava querendo o dinheiro de volta, Nuno perguntou ao visitante se havia olhado para cima, nas árvores. Deixou o sujeito entrar novamente. Depois de uma hora, o mesmo homem se apresentou:

– Ainda não consegui ver nada! Até olhei para as árvores!

– Então eles já desceram! – respondeu Nuno, brincando.

Os bugios

Logo após a inauguração do Simba, houve um episódio com os macacos bugios, que sempre viveram em torno do parque. Eles resolveram invadir a ala norte e começaram a atirar galhos de árvores nos leões, gritando e pulando. Os leões, furiosos com a provocação dos macacos, foram recuando em direção à ala sul. Para conseguir isso, inevitávelmente passariam pelo território dos leões do centro do parque, único caminho que os levaria até os macacos. Enquanto isso, os bugios gritavam e atiravam galhos. Começou, então, uma briga fantástica entre os leões das duas alas, com rugidos ensurdecedores que faziam até o ar tremer.

Os visitantes nos carros que já estavam naquela área central do parque paravam para ver o espetáculo. Ninguém queria sair dali. Os que estavam na ala sul tentavam ver os leões, mas como não havia nenhum por ali, dirigiam-se para o centro, seguindo a estrada, de modo que se formou uma fila enorme para ver o espetáculo: bugios jogam galhos, leões retrocedem, encontram o outro grupo e invadem o território do centro; leões rechaçados, engalfinhando-se e dando patadas, com os bugios atirando pedaços de pau, sem parar.

A confusão estava armada! Não havia meio de parar a briga, nem de fazer os carros circularem. Aquele congestionamento de carros, por quase toda a extensão das estradas, só foi resolvido às nove horas da noite, quando o pessoal do Simba conseguiu separar os leões.

A emoção e a alegria dos visitantes era tamanha que não queriam sair de lá. Haviam sentido aquilo que Chico sempre previra: "As pessoas que visitassem o Simba deveriam experimentar emoções, medo e alegria", o que ficou comprovado naquele dia.

Mas nem tudo era emoção e alegria. As finanças do parque eram realmente comandadas pelos leões!

Num determinado domingo em que os leões estavam especialmente endiabrados, foi devolvido mais de 70 por cento do dinheiro arrecadado na bilheteria, sob protestos e pedidos de desculpas. Isso significava um prejuízo altíssimo, uma vez que os impostos, a alimentação dos animais e as taxas de arrendamento do zoológico deveriam ser pagos de qualquer maneira, pois os bilhetes já haviam sido destacados dos talões.

Outros problemas

Mas o pesadelo não terminava aí. Havia outros problemas, os mais variados: automóveis que entravam com o tanque de gasolina vazio, pneus absolutamente desgastados que estouravam dentro do parque, radiadores fervendo, veículos que quebravam e pessoas que passavam mal no interior dos carros. Os motoristas não sabiam como avisar os dirigentes do Simba, simplesmente porque não liam as normas de segurança distribuídas na entrada. Havia ocasiões em que cada *ranger* tinha de seis a oito carros encrencados, sob sua guarda e vigilância, aguardando o socorro necessário.

No entanto, o que mais aborrecia Chico era o fato de não ter uma lanchonete decente para atender às pessoas que visitavam o Simba. A idéia do parque fora completa. Incluía a instalação de um restaurante, locais de atração onde os visitantes pudessem passar o dia aproveitando o ar livre e as belezas naturais do local, com animais em liberdade; lojas para a comercialização de peças típicas e, ainda, outras atrações que proporcionariam um domingo completo de lazer. Todavia, com a falta de verba e as dificuldades por que passaram durante a construção, o dinheiro fora suficiente apenas para erguer o parque, os "rondáveis" e um estacionamento com poucas vagas para carros.

No primeiro mês, o Simba foi visitado por mais de onze mil carros; no segundo mês, acima de dez mil pessoas estiveram no parque. E esse número crescia à medida que os meses passavam.

Porém, após cinco meses de funcionamento, ocorreu o inesperado. O parque quase foi à falência! O movimento caiu assustadoramente, a ponto de o Simba não ter mais condições de cumprir com seus compromissos e muito menos pagar a alimentação dos animais. O Simba chegou a ter 40 leões, cada um comendo cinco quilos de carne por dia, e não podia ser qualquer carne: o cardápio consistia de dianteiro de boi, língua e testículos.

Acrescente-se a todas as dificuldades, que bastaria um ofício de qualquer entidade beneficente para que crianças e jovens entrassem de graça no Simba. Eram quase 5 mil pessoas, por mês, que entravam gratuitamente. As escolas de 1.º e 2.º graus da prefeitura nem precisavam de ofício: entravam direto. Eram evidentes as dificuldades de se manter o Simba.

Sob a orientação e atuação direta do Chico, foi feita uma pesquisa entre os usuários do parque para aquilatar o grau de satisfação de seus freqüentadores. Relatado por ele, o resultado dessa pesquisa dava-lhe vontade de liquidar com tudo e voltar para a África, mesmo com todos os problemas que deveria enfrentar.

As pessoas iam ao Simba esperando passar uma manhã ou uma tarde inteira observando animais em liberdade. Queriam um lugar onde pudessem almoçar, enquanto seus filhos brincassem ao ar livre, em segurança. Mas não havia lanchonete, e muito menos um restaurante com área de lazer! Isso não era surpresa para ele, mas não havia dinheiro para levantar aquela estrutura.

Mas Chico não desistiu. Mais tarde, com maior número de animais, o movimento melhorou, graças a um trabalho muito bem feito pelo Simba e pela mídia, que divulgava as novas atrações, à medida que iam acontecendo.

E, apesar das deficiências, que ainda persistiam, Chico olhava satisfeito sua obra. Dirigindo o jipe ou andando a pé, ouvia com deleite o rugido dos leões, a sinfonia do gorjeio dos pássaros do parque e a dança dos galhos das árvores embaladas pelo ritmo dos ventos. Porém, sempre que a direção dos ventos mudava começavam suas preocupações. Havia aprendido meteorologia durante o curso de aviação e podia prever com muita antecedência, e quase sempre com exatidão, como estariam as condições do tempo dentro de poucas horas.

Quando chovia, era um desastre. A freqüência

do Simba baixava de mil para trezentos carros no domingo, o que abalava as finanças da administração, que já se achava em condições caóticas.

Em 1974 houve nove fins de semana consecutivos de chuvas constantes e, naturalmente, ninguém saía de casa para ir a qualquer lugar.

Ao contrário, quando era época de seca, os carros sofriam com a poeira levantada por causa das estradas cobertas com escória de ferro. Para amenizar o problema, os dirigentes do Simba haviam improvisado um sistema de irrigação um tanto perigoso. Contratavam caminhões-pipa, protegendo com uma tela a parte superior do veículo, onde um *ranger* ficava com a mangueira irrigando as estradas, escoltado pelos jipes, no setor das feras.

Insatisfeito com os resultados, Chico teve uma idéia: comprar canos e colocá-los nas laterais das estradas. Seriam acionados por uma bomba para aspergir água sobre a escória de ferro, resolvendo o problema da poeira.

A solução parecia exótica, mas o novo sistema de irrigação foi instalado. No entanto, logo no primeiro dia de funcionamento, a equipe se dirigiu ao setor dos leões e...surpresa!! Os felinos haviam descoberto uma das pontas dos canos, que, para eles, parecia uma "minhocona". E assim o sistema de irrigação foi mordido e furado, até ser exterminado. O jeito era pensar em outra solução. Depois de algumas sugestões, decidiram enterrar os canos a dois metros de profundidade, resolvendo a questão.

JIPE CAPOTADO E OS EXTINTORES DE INCÊNDIO

Por causa da topografia acidentada, os *rangers* eram treinados para estacionar os jipes, com a traseira ou de frente, apoiados num barranco ou numa árvore. Certa vez um *ranger*, na frente de um grupo de leões, subiu com o jipe no barranco e não se preocupou em apoiá-lo. Começou a cortar carne no banco traseiro, brecando o carro somente com o pé. De repente, distraiu-se e soltou o pé do breque, capotando no meio dos leões, com o jipe cheio de carne! Sem explicação, a gasolina do jipe começou a cair no meio das pernas do *ranger*, que, sem outra solução, começou a gritar por socorro. Era um dia em que o parque estava lotado, e foi um sufoco para conseguir chegar ao local do acidente!

A situação era calamitosa: o jipe capotado, o *ranger* embebido em gasolina, rodeado por leões que queriam comer a carne de dentro do jipe. Como solução, Chico e os outros *rangers* desceram com extintores de incêndio, jorrando espuma, para afastar os animais e retirar o *ranger* acidentado.

Aquele incidente serviu, no entanto, para descobrirem uma nova ferramenta para o condicionamento: abrindo caminho com extintores de incêndio, aquela espuma assustadora não machucava os animais e conseguia dominar os leões e, assim, afastá-los de qualquer local. Nas duas primeiras vezes deu certo. Depois, porém, tiveram que parar, pois os leões perceberam que a espuma não era nenhuma ameaça... Sem contar que, por causa desse método, Chico não conseguiu impedir que um leão matasse um filhote durante uma briga. Tentando apartar os felinos, foi esvaziado um extintor de incêndio no nariz do leão adulto. O animal, porém, que já não temia aquela espuma inofensiva, não largou sua vítima e acabou matando o leãozinho. Foi o único caso de morte de leões no Simba, por causa de briga.

E assim o tempo passou, e as dificuldades foram superadas, sempre a duras penas. No entanto, dez anos depois da inauguração do Simba, os sócios já estavam recebendo porcentagens sobre os lucros. A empresa Simba Safari nunca se endividou seriamente nem fez uso de "caixa-dois". O *cash-flow* era bem controlado, e havia sempre uma reserva de caixa para eventuais despesas, de forma que, mesmo quando as despesas superavam a receita, era possível reequilibrar o orçamento com as reservas.

CARROS PEGANDO FOGO NO PARQUE

A segurança do Simba era perfeita. Chico tinha o dom de pensar nos problemas antes mesmo que eles acontecessem. Assim, procurava orientar os *rangers* sobre todo e qualquer assunto para que eles não entrassem em desespero ou titubeassem diante de uma atitude impensada de algum visitante. O seu lema era claro: "Nunca se deve dar moleza ao azar".

Quando um carro pegava fogo no setor dos leões – e isso era relativamente comum, por negligência e falta de manutenção do proprietário –, naturalmente o motorista não sabia o que fazer: sair do carro e ser comido pelos leões ou... morrer carbonizado? Dessa forma, logo que um foco de incêncio iniciava, os usuários começavam a rezar e a tocar a buzina insistentemente. Mas o desespero logo era amenizado com a rápida chegada dos jipes, onde os *rangers* possuíam vários extintores de incêndio. A orientação era seguida à risca: apagar o fogo e transferir os visitantes para o jipe, em segurança, levando-os para fora do setor.

Com reflexos fantásticos, os *rangers* e seus jipes resolviam tudo rapidamente. E enquanto um monitorava determinado incidente, outro circulava pelo parque, sempre pronto a atender a qualquer emergência. Entretanto, mesmo com toda a eficiência da equipe, a irresponsabilidade de algumas pessoas entre o grande público brasileiro não as deixavam entender os limites e a imprevisível agressividade dos leões. E quem poderia garantir que um acidente fatal jamais aconteceria?!

Por isso, os *rangers* também eram treinados para resolver problemas que, aparentemente, eram pequenos. Eles sabiam que uma simples alteração no sistema de segurança poderia ocasionar algo mais sério, inclusive fatal.

Tanta precaução tinha sua razão de ser. Ao verem um leão lerdo, deitado e olhando preguiçosamente ao redor, as pessoas pensam que o felino não oferece perigo algum. Mas esse animal, mesmo brincando, pode ter reações imprevisíveis, e, apenas para responder a um carinho, dará uma patada capaz de arrancar o braço de uma pessoa. Por isso não é aconselhável ter animais selvagens em casa, principalmente leões e tigres.

capítulo

> « Na natureza, o índice de mortalidade de filhotes de leão é de aproximadamente 75%. No Simba, era zero. »

11

O NASCIMENTO DO PRIMEIRO FILHOTE DE LEÃO NO SIMBA

A imprensa sempre se mostrava aliada do Simba Safari. Percebera que o objetivo do parque não era só ganhar dinheiro, afinal seu diretor era, antes de qualquer coisa, um idealista. Por isso, sempre que havia novidades, a mídia era convocada e conseguia promover o Simba como um local interessante, agradável e diferente. Os dois maiores jornais de São Paulo, *O Estado de S. Paulo*, dirigido na época por Júlio de Mesquita Neto, e a *Folha de S. Paulo*, conduzida pelo Dr. Otávio Frias de Oliveira, foram assim veículos extremamente importantes na promoção do parque, levando ao público o que de melhor ele poderia oferecer.

Dessa forma, Chico contava com a imprensa sempre que algo diferente acontecia no Simba. Por isso, quando nasceu o primeiro filhote de leão, foram chamados todos os repórteres, e a sala do escritório ficou lotada. Chico pensava na melhor forma de dar a notícia, e então começou:

Agradeço a presença dos senhores, mas, antes

de contar a novidade, gostaria de fazer-lhes uma pergunta: quantas vezes acham que um leão, a cada 24 horas, cobre uma leoa no período do cio, que dura 15 dias?

Os repórteres deram vários palpites:

– Três, cinco, dezoito... sei lá!

E Chico continuou:

– O leão cobre a fêmea no cio 84 vezes, a cada 24 horas, mais ou menos com intervalos de 5 minutos, por causa do baixo número de espermatozóides (100 mil por ejaculação). Mas a "trepada" é muito rápida. Agora vou dar a notícia! – disse Chico com orgulho, elevando um pouco a voz:

– Nasceu o primeiro filhote de leão no parque!

Os jornalistas e fotógrafos se agitaram, entusiasmados. Queriam comentar e conhecer todos os detalhes sobre o assunto. Como era realmente uma notícia diferente e interessante, as fotos com os artigos informativos saíram nas primeiras páginas dos jornais no dia seguinte.

CLIMA AFRODISÍACO

Em outra convocação da imprensa, quando um casal de leões procriou com a idade de um ano e meio, foi uma sensação. Chico explicou aos repórteres:

– O Simba Safári tem clima afrodisíaco. A idade certa para a procriação de leões é depois de dois anos de idade.

Procriação de animais no Simba

Os leões começaram a procriar no Simba de forma espantosa! Na natureza, o índice de mortalidade de filhotes é de aproximadamente 75% no primeiro ano de vida. No Simba, esse índice era zero.

Alguns dados sobre a procriação de leões são extremamente interessantes: se a vasectomia for executada num leão, ele não conseguirá fecundar a fêmea, embora o cio da leoa continue a provocar oitenta cruzamentos por dia. Se um leão for castrado, a juba cairá. Se a leoa passar por uma histerectomia, não haverá sutura que segure o corte; ela lamberá os pontos até expor as vísceras, e então, para corrigir o "estrago", será necessário anestesiá-la novamente e suturar o machucado. No entanto, ela voltará a lamber até arrebentar os pontos.

Naquela época, não havia histerectomia por *videolaparoscopia*, e, como a maior parte das pessoas era contra o sacrifício dos filhotes, o jeito foi deixar que nascessem, para então doá-los. Assim o Simba "entupiu" de leões os zoológicos brasileiros!

Sem contar os casos curiosos. Por exemplo, quando uma leoa rejeitava os filhotes, eles eram criados na administração do Simba. Um desses filhotes, na verdade uma leoazinha, passou a achar que era gente, e não leão! Ela ficava dentro do jipe com os *rangers*, olhando apavorada para os leões... De forma que o pessoal só conseguiu fazê-la cruzar depois do segundo cio. Aí ela descobriu que era uma leoa!

Filhote de leão dentro do Karmann Ghia de Chico Galvão

Experiência inédita e de muito sucesso no Simba

Aproximadamente dois anos antes do encerramento das atividades do parque, começaram a haver brigas violentas entre um grupo de leões por causa das leoas, que estavam permanentemente no cio e não eram fecundadas. Chegou-se à conclusão de que seria necessário renovar os leões daquele setor, mas havia um problema: não poderiam ser animais adultos.

Pesquisaram no mundo inteiro, em busca de uma solução, sem sucesso. Pondo em prática toda a sua experiência com leões, Chico arranjou seis leõezinhos, machos e fêmeas, de 60, 40 e 35 dias de vida. Conseguiu, depois de muito trabalho, fazer com que duas velhas leoas, nunca paridas, fossem "convencidas" de que aqueles filhotes pertenciam a elas, o que, além de solucionar o caso de imediato, acabaria também com o problema de consangüinidade, caso o parque tivesse continuado com os leões livres.

A RESIDÊNCIA/ESCRITÓRIO DO SIMBA

Como havia mudado de casa diversas vezes, os pertences pessoais de Chico – presas de elefantes e outros troféus de caça (cabeças enormes de bichos) – tinham de ser transferidos para outros locais, o que era um transtorno. Resolveu então construir sua famosa casa dentro do Simba, que foi fotografada e publicada em várias revistas de decoração.

A construção era rústica, em madeira, paredes chapiscadas, telhado com quatro clarabóias, revestido internamente com tecido de juta e adornado com vidros transparentes. Tinha sala de jantar, sala para visitas, lareira, escritórios, lavabo, *hall* de recepção, troféus, quadros, cozinha e uma bela varanda. Embaixo do terraço ficava o dormitório com banheiro. Havia também uma importante biblioteca, à qual os funcionários tinham livre acesso.

Chico dormiu uma única noite naquela casa, e depois desistiu, pois foi acordado várias vezes para resolver problemas que os funcionários tinham total autonomia para solucionar.

Mas era nessa casa que ele recebia muitos convidados à noite e, durante o dia, a imprensa. Para as reuniões sociais, preparava a decoração, encomendava acepipes, frutas, flores, doces, bebidas e música ambiente. No decorrer da noite, Chico agradava aos convidados quando começava a imitar os urros dos leões. Atiçados por aqueles chamados, os leões urravam de volta, o que divertia as pessoas.

Desenho e mensagem
de Nuno Vecchi,
companheiro desde a
época da inauguração

O escritório/casa de Chico dentro da área do Simba Safari recebeu amigos e personalidades, que deixaram mensagens em um livro de presença

Que você admimistre esse "ilha" como um encargo nobre e uma missão, da qual terá que prestar contas. Pois cada ave que se ferir, cada flôr que murchar por sua desídia ou mau jeito, lhe pesará nos ombros como chumbo.

Finalmente a "ilha" existe. Fica no município de São Paulo, no bairro da Agua Funda.... ou do Taboão.... nem sei, mas sei que a "ilha" tem um nome — chama-se Simba Safari.

S. Paulo, março de 82

capítulo

> Em uma noite especialmente fria, Chico reuniu 60 macacos na administração, dando-lhes vitamina C e agasalhando-os com cobertores e jornais.

Chico com um bugio

12

Nem só de leões vivia o Simba...

OS MACACOS-PREGO

Chico, preocupado em aumentar a freqüência do Simba, conversava à noite com seu amigo Ladislau a respeito dos diferentes animais que queria introduzir no parque – um modo de criar novas atrações.

Andava de um lado para o outro. Levantava-se por diversas vezes, inquieto. Ia até a janela e olhava a paisagem escura do céu estrelado. Até que, afinal, quando as estrelas já desapareciam e surgia a alvorada, eles tiveram a idéia de montar um recinto para macacos. E, por que não um Parque de Macacos?! Naquele instante, Chico sentiu que suas pretensões começavam a tomar forma e conteúdo.

E realmente o projeto parecia fantástico! No entanto, exigiria um bom estudo da técnica de semiconfinamento dos animais, afinal, como todos sabem, macacos podem subir através de telas e troncos de árvores, e são capazes de pular grandes distâncias no ar. Assim, qualquer ponto vulnerável serviria para uma escapada.

Chico e a equipe estudaram a idéia a fundo. Era um verdadeiro quebra-cabeças, mas a solução da contenção finalmente chegou por meio de Ladislau, o biólogo.

O Parque dos Macacos foi criado, com portões de segurança, estradas, *rangers* e porteiros, que, após intenso treinamento, estavam prontos para receber os macaquinhos que seriam a alegria das crianças visitantes – sempre dispostas a ficar um pouco mais naquele setor! As mais assíduas conheciam os macacos pelos nomes e os chamavam para brincar no carro, através dos vidros ou das grades de proteção, que eram colocadas nas janelas dos veículos logo na entrada do Parque dos Macacos.

OS PROBLEMAS NO PARQUE DOS MACACOS

O primeiro inverno depois da inauguração do Parque dos Macacos foi uma verdadeira tortura para Chico. Os macacos sofriam muito com o frio, e, apesar dos abrigos construídos para protegê-los das intempéries, por causa de seu temperamento, não paravam no lugar e sempre encontravam uma forma de escapar, principalmente à noite, quando adoravam passear!

Em uma noite excepcionalmente fria, Chico ficou preocupado. Decidiu então reunir todos os sessenta macacos na administração, dando-lhes vitamina C e agasalhando-os com cobertores velhos e jornais, a fim de prevenir resfriados e pneumonias.

No primeiro ano de funcionamento do Parque dos

Macacos mais de 20 animais tiveram pneumonia. Foi um inverno especialmente gelado. Perderam-se aproximadamente 12 macacos, além dos macacos que morreram no zoológico de São Paulo. Assim, já no outono do segundo ano de funcionamento, a equipe do parque começou a dar vitaminas A e C aos animais por meio da alimentação. Eles pareciam crianças fazendo fila para tomar o remédio na colher que o *ranger* lhes oferecia, através das janelas dos jipes. Conclusão: a doença foi prevenida e, naquele ano, não houve sequer um caso de resfriado.

MACACOS EM FUGA

Os macacos conseguiam escapar do parque porque a contenção era feita com telhas de amianto. Qualquer galho caído quebrava a telha e... os macacos fugiam! A hierarquia do grupo de macacos-prego é uma coisa fascinante: eles têm um líder, um vice-líder e as fêmeas favoritas. No Simba, o macaco líder era Mac. Mais que um meio de vida, o parque foi uma escola para Chico. Certa manhã, ao chegar ao Simba, ele viu que os macacos haviam fugido, com exceção de Mac. Todos estavam soltos pelas vizinhanças e pelas ruas. Voltavam para se alimentar, mas, na manhã seguinte, a situação se repetia. Só Mac permanecia no recinto dos macacos, o que o fez pensar: "Como ele é bacana; o único macaco que fica no recinto!"

No entanto, aquilo começou a ficar problemático, porque os bichos faziam grande bagunça na vizinhança. Um dia, três soldados graduados da Polícia Militar entraram pelas portas do escritório pegando Chico de surpresa.

– Seja lá o que for, eu me rendo! – disse ele, levantando as mãos apressadamente...

O coronel então falou em tom ameaçador:

– Senhor, a questão é que sou seu vizinho, e seus macacos invadiram a minha criação de canários e comeram todos os ovos! Soltaram algumas aves e fizeram um bom estrago. Isso tem que ser resolvido!

Chico, que já estava ciente do problema, desculpou-se e disse que iria resolver a situação. Mas pensava: "Como fogem todos e fica só o Mac?!" Depois de longa observação, escondido na calada da noite, descobriu o enigma. Mac aprendera a afastar as telhas. Quando conseguia separar uma da outra, os outros macacos subiam pelas suas costas e escapavam pela abertura. Quando chegava a vez de Mac, o plano falhava: ao saltar, a telha em que estava apoiado fechava, e ele não conseguia passar... Mac ficava indignado!

TRAQUINAGENS E MACAQUICES

Certa madrugada, alguns macacos conseguiram chegar ao banheiro da residência do Simba. Na manhã seguinte, quilômetros de papel higiênico, sabonetes, utensílios e água estavam espalhados por todo o ambiente. Uma baderna!

E pior: no outro dia, Chico aguardava a fotógrafa de uma revista americana especializada em decoração que faria uma reportagem sobre a casa. Quando Chico abriu a porta, teve um acesso de riso, e a moça olhou com espanto...! Um pouco antes os macacos tinham entrado novamente no banheiro e sujado tudo com fezes! As paredes, a pia e o piso estavam um horror, o que não surpreendeu Chico. Já estava acostumado a essas macaquices!

Certa vez, um dos macacos sentou-se na cadeira de balanço da varanda, e pôs-se a balançar, de olhos fechados, deliciando-se com a mordomia! Ao contrário da maioria dos macacos, sempre ariscos, este era manso. Mas, mesmo assim, quem conseguiria tirá-lo dali? A cada tentativa, o danado mostrava os dentes para expressar que estava muito bem e que não o incomodassem! Foi um trabalho complicado levá-lo de volta ao seu recinto!

Para resolver o problema das fugas, fizeram novamente várias reuniões. Estudaram o local e as possibilidades até concluírem que o jeito era substituir as telhas por chapas de metal galvanizado. Por serem lisas e com rebites, os macacos não conseguiriam escalá-las.

Um dos macacos, o Risadinha, adorava passear e escapava na cara dos *rangers*. Tomava o café-da-manhã, e ia embora pelo mato. No "morro da macumba", na divisa de São Paulo e Diadema, havia um ponto final de ônibus. Por incrível que pareça, Risadinha ficou amigo dos motoristas, com os quais passava o dia inteiro. Davam-lhe até um pouco de comida, dividindo as marmitas com ele. O prazer da vida daquele macaco era andar de ônibus. Quando um ônibus partia e seguia o trajeto que acompanha o muro do zoológico, ele entrava pela porta, sentava-se ao lado do motorista, olhando para fora através da janela e ia até o final do trajeto. Na porta do zôo, o motorista parava o ônibus e abria a porta; o macaco pulava e corria por cima do muro para pegar o próximo ônibus. Obviamente, a cena era uma atração entre os usuários e motoristas de ônibus, que já conheciam bem o macaco. À noite, Risadinha voltava feliz e dormia no parque.

Em 1998, o setor dos macacos-prego já tinha ultrapassado, e muito, o equilíbrio populacional; o mesmo aconteceu com o setor dos macacos-aranha.

Camila – a camela relações-públicas do Simba

Camila era a camela mais conhecida do mundo! Adquirida no zoológico de Londrina, chegou ao Simba adulta. Dócil, afável e muito "simpática", logo se habituou aos carros e passou a chegar cada vez mais perto para receber os afagos das crianças, que sempre lhe davam alguma coisa comestível. Com tanta "simpatia", acabou ganhando o título de relações-públicas do parque. Aproximava-se de cada veículo, assim que entravam no seu setor. Recebia e degustava as guloseimas que lhe eram oferecidas. Tão atrevida que seu gesto de "boas-vindas" era colocar sua enorme cabeça janela adentro a fim de receber abóboras, milho, maçãs etc., que as crianças traziam especialmente para ela. Tanto as crianças como os pais procuravam sempre a administração do parque para conhecer os hábitos dos camelos, assim como sua alimentação específica. E assim, toda vez que visitavam o Simba, levavam no carro os ingredientes que faziam a festa das crianças e da camela.

Esse contato das crianças com os animais sempre foi motivo de satisfação para Chico. Uma menina, que anos depois levou sua neta ao Simba, exemplifica a importância dessa experiência para as crianças. Ela, em plena adolescência, com seus 12 anos, dedicava-se ao cultivo de abóboras sem agrotóxicos para sua amiga Camila. Da mesma forma, havia um menino que plantava uvas sem sulfato para dar ao Holandês Voador, o macaco que era seu amigo.

Mais tarde, Camila ganhou um namorado, o macho Carmelo, cedido pelo zoológico de São Paulo. Carmelo era meio bobão e não sabia bem o que fazer, de modo que a camela tornou-se uma "mãezona" para ele; nunca namoraram! No entanto, Carmelo resolveu se apaixonar por automóveis brancos, e por duas vezes deixou os *rangers* em situação muito difícil. Ele viu uma Brasília branca cheia de japoneses e resolveu "cruzar" com o automóvel. Foi por trás do carro e, sem querer, prendeu a pata no pára-choque traseiro. Levantava a pata para soltar-se e, conseqüentemente, erguia o carro, chacoalhando seus ocupantes! Passado o susto, todos acharam muito divertido!

A outra paixão de Carmelo foi um Galaxie, conduzido por um senhor muito fino, acompanhado de sua senhora. Carmelo, desta vez pela frente, resolveu "cruzar" com o carro bem na vista do fino casal. Explicar o quê para eles?! Apesar de muito constrangedora, a situação era extremamente engraçada. Nesses incidentes, se houvesse qualquer dano com o carro, o Simba ressarcia o proprietário.

Camila e Carmelo viveram juntos durante muitos anos, mas nunca conseguiram cruzar. Camila o considerava mais como um amigo e, por isso, recusou-se a dar-lhe um filhote. Infelizmente, alguns anos mais tarde, Carmelo foi vítima da maldade e da ignorância de alguns visitantes, que deram a ele sacos plásticos para ingerir. Acabou morrendo, e, Camila, solitária, conservou seu temperamento agradável e continuou sendo uma recepcionista muito gentil, de forma que seus ressentimentos ficaram guardados para sempre em seu coração!

Os antílopes e os cervídeos

Chico Galvão sempre foi um inovador. Preocupado em proporcionar aos visitantes do Simba não só uma tarde de lazer, mas também instruí-los sobre a importância que os animais representam na preservação da fauna e do equilíbrio ecológico, resolveu buscar uma forma de aproximar ainda mais as crianças da natureza e dos animais em liberdade, sempre, claro, conservando a segurança de ambos.

Para isso, tratou de inserir no Simba alguns cervos. Naquela época, como o zoológico não tinha animais suficiente, acabou por importar da Alemanha alguns cervos dama-dama, em número adequado para habitar determinado setor do parque.

Passado o período de quarentena, os machos e as fêmeas foram colocados em um recinto pequeno, cercado de grades, com um galpão para abrigá-los. Chico e os *rangers* passaram muitos dias observando os cervos, animais nervosos e arredios. Amedrontavam-se com a aproximação de qualquer pessoa, mas, aos poucos, foram se habituando a chegar mais perto das grades para comer a ração que os *rangers* lhes levavam diariamente.

Após algum tempo, já estavam habituados aos movimentos do parque e ao tratamento "personalizado" que recebiam. Os machos não mais avançavam utilizando os chifres como armas de defesa, e logo foi possível soltá-los no parque, evento acompanhado por uma série de repórteres, representantes de todos os jornais de São Paulo, rádios e canais de televisão.

Foi realmente sensacional e emocionante ver aqueles cervídeos tão elegantes e tão bonitos, andando livremente pelo Simba. Aos poucos, eles iam se aproximando dos carros; de início, curiosos e arredios; depois, a ração oferecida era tão especial que voltavam para pedir mais!

O bando de cervos dama-dama, que começou com 9 animais, chegou a mais de 75. Ao lado dos elandes e dos órix, esses cervos davam um prazer enorme às crianças quando se aproximavam dos carros. Pela sua aparência elegante e os olhos de gazela, despertavam um sentimento de proteção, recebendo ainda mais carinho dos usuários.

OS PAVÕES E OUTRAS AVES

O Parque das Aves foi criado alguns anos após a inauguração do Simba. Chico havia sido presenteado com um casal de pavões, e a beleza exótica dessas aves atraía os visitantes. As crianças adoravam quando o macho abria sua cauda e sobrecauda em leque, exibindo todas as cores do arco-íris, ato acompanhado de seu típico grito de alerta. Os pavões, além de sua grande beleza, são ótimos guardas. Com esses gritos peculiares, alertam às pessoas que os possuem sobre qualquer coisa ou ruídos fora do comum.

Certa vez, um pavão apaixonou-se perdidamente por uma galinha d´angola. Cortejava a amada, exibindo sua plumagem multicolor. Os galos do parque, enciumados, investiam contra ele, atacando-o com suas esporas. O pavão, muito triste, teve que desistir da conquista, pois, do contrário, acabaria ficando sem suas belas plumas!

Muitas aves procriaram no Simba, mas a postura de ovos de pavões era tão grande que, para deixar os animais na natureza (não em chocadeiras), o parque teve de arrumar patas para ajudar a chocar as centenas de ovos! Uma das coisas que mais divertia o pessoal era quando as mamães-patas se atiravam no lago, e todos ficavam desesperados: as patas, porque os filhotes não entravam na água, e os filhotes, porque viam as mamães irem embora sem que eles pudessem acompanhá-las!

As aves que dividiam o espaço com os pavões foram colocadas no Simba para que as crianças, que vivem em apartamentos, pudessem ter a chance de conhecer alguns tipos de aves, mesmo aquelas consideradas domésticas. Por incrível que pareça, existem crianças que nunca viram um galo, um peru, ou um pato, a não ser em desenhos animados. Nem mesmo sabem como são seus filhotes. Por isso, além dos pavões, dos galos e do peru, foram trazidas ao Simba várias aves exóticas, como faisão, galinha d´angola, seriema e ema. O peru foi um caso à parte, e teve de ser retirado depois de uma semana. O pessoal que trabalhava no escritório bem próximo ao setor das aves não agüentava o barulho que eles faziam! Os visitantes, quando passavam pelo setor, assobiavam, e o peru gorgolejava o dia inteiro. Era infernal!

Guepardos

O Simba recebeu ainda quatro guepardos. No entanto, para condicioná-los, era preciso encontrar uma forma de prender a sua atenção, tarefa nada fácil.

Mas a solução veio de onde menos se esperava. Como era inverno, e daqueles excepcionalmente frios, os vidros do jipe de Chico estavam sempre muito embaçados. Certo dia, passando pelo setor dos guepardos, o vidro com pouca visibilidade incomodando, Chico começou a limpá-lo com sua costumeira flanela amarela. E imaginem! Isso chamou a atenção dos bichos! Assim, agitando flanelas amarelas, condicionaram os guepardos, que, no entanto, logo foram devolvidos ao zoológico, pois não fizeram muito sucesso.

AS ZEBRAS DE GREVYI

As zebras de Grevyi são uma espécie em extinção. O zoológico, mais uma vez, com o apoio do Dr. Mário Autuori, cedeu um casal de zebras para viver no Simba, em semiconfinamento. A zebra de Grevyi é a maior de sua espécie. Muito bonitos, esses animais apresentam listras muito mais finas e mais numerosas do que as das zebras de outras espécies. No Simba logo ganharam a admiração e carinho de todos, pois, como a Camila, também gostavam de colocar a cabeça dentro dos carros dos visitantes.

Durante a permanência no Simba, tiveram quatro filhotes. A gestação da espécie dura 390 dias, portanto, treze meses! E, devido à dificuldade de sobrevivência desses animais e por haver um número limitado deles no mundo, o nascimento do primeiro filhote foi alvo de muita festa e divulgação em todos os jornais, canais de televisão e rádio. Segundo Chico, era muito difícil impedir que as crianças não saíssem dos carros ao visitar o setor das zebras. Queriam abraçá-las, davam-lhes nomes carinhosos e conversavam muito com os animais. Porém, como a zebra macho é um animal arredio – Zé Brão, um deles, vivia atacando *rangers* –, foi ordenado que tomassem muito cuidado. Em um domingo, uma das crianças ficou tão emocionada com a proximidade desse macho que se agarrou ao pescoço do animal, querendo beijá-lo. Zé Brão ficou parado, impassível, com cara de besta, sem saber o que fazer com aquela criança agarrada a seu pescoço. De repente o animal assustou-se e, ao afastar a cabeça, carregou o garoto com ele. Graças à ação protetora e vigilante dos *rangers*, nada aconteceu. A criança, já de volta ao carro, chorava e gritava, soluçando:

– Quero levar ele para casa!

Os ursos

Depois de muito tempo tentando, finalmente Chico encontrou cinco filhotes de ursos, disponíveis no Canadá.

Resolvidos os trâmites para a importação, viajou para o Pará, onde desenvolveria uma reserva de fauna regional para a Companhia Vale do Rio Doce, em Carajás. Quase no final recebeu o telefonema de um diretor do Simba:

– Chico, os ursos chegaram! Estão dando muito trabalho e não sabemos como resolver o problema. Acho melhor você voltar o mais rápido possível para São Paulo.

Ao chegar ao parque, viu aqueles "anjinhos". Eram cinco ursinhos bem pequenos e muito bonitos, dormindo aninhados feito crianças! Perguntou aos funcionários:

– Qual é o problema? Eles parecem muito bem!

E os homens responderam:

– Daqui a pouco, na hora da comida, você vai ver!

Ao acordarem, os ursinhos começaram a se engalfinhar sem parar, numa briga impressionante! Era desesperador! O urso é um animal onívoro, ou seja, come de tudo, e os filhotes só não comiam a orelha do irmãozinho porque se defendiam bravamente...!

O condicionamento dos ursos foi um desafio. Quando ficavam soltos, subiam nas árvores e não havia meios de fazê-los descer. Era um verdadeiro caos! O horário para esse condicionamento era restrito: pela manhã, antes de abrirem os portões do parque; à tarde, depois do horário de fechamento, e nas segundas-feiras, quando o parque permanecia fechado.

Eram mais inteligentes e perigosos do que todos os animais do acervo do Simba e, por isso, o condicionamento foi demorado, sendo considerado o mais díficil.

Além disso, havia outro desafio. Em geral, os ursos parecem simpáticos, mas são astutos e grandes predadores. Soltos, poderiam ser um perigo para as pessoas, que talvez os imaginassem mansos. Para as crianças, o urso é sempre bonzinho e um amigão, porque, normalmente, o primeiro brinquedo que recebem é um urso de pelúcia; sem contar que se apóiam em referências infantis, de personagens como Zé Colméia e Teddy Bear.

Durante o tempo (quatro dias) em que durou uma reforma das grades do setor, os ursos ficaram presos na jaula central, de onde podiam acompanhar o movimento dos operários. Terminado o conserto e soltos os ursos, cada um foi experimentar a resistência das grades, forçando-as na base.

Preocupado com isso e com as histórias infantis – que poderiam realmente influenciar as crianças , Chico ordenou a todos os *rangers* e a outros funcionários:

– Dêem a maior atenção a este setor e ao comportamento dos ursos e visitantes. Não deixem os animais se aproximarem muito dos carros. Prestem bastante atenção e tomem providências imediatas se os ursos não obedecerem!

Mas valeu a pena todo o trabalho! O Simba foi o primeiro parque da América do Sul que conseguiu o cruzamento, a procriação e a sobrevivência de filhotes de ursos, em semi confinamento. O nascimento de um casal de ursinhos aumentou a população do setor de ursos, e isso continuou até o fechamento do parque.

Macacos-aranha

No zoológico de São Paulo havia uma ilha habitada por macacos-aranha. Alguns desses animais aprenderam que nadando poderiam escapar do setor, causando problemas. Não havia meios de confiná-los. Então, como mais um desafio e com a autoconfiança que era sua característica, Chico resolveu levá-los para o Simba e criar o Parque de Macacos-Aranha.

Elaborou o projeto com metragem para telas e cordas espalhadas e esticadas entre mourões. Depois de tudo pronto, os macacos chegaram e foram alocados na área de adaptação. A imprensa, como sempre, foi chamada para registrar a soltura do primeiro macaco que, assim que saiu da jaula, percorreu a área e, em 20 minutos, escapou. Com dificuldade e muito corre-corre, conseguiram capturá-lo e Chico pensou: "Agora é comigo mesmo, vou transformar esta área em contenção de segurança máxima e quero ver se eles escapam!"

Alguns dias depois, novamente chamou a imprensa. Os cinco macacos, depois de liberados das jaulas, brincaram muito, pendurando-se nas cordas, saltando e fazendo mil acrobacias. Mas... não conseguiram fugir! No dia seguinte, um dos jornais publicou a divertida e interessante manchete: "Bangu 1 no Simba Safari".

O setor dos macacos-aranha transformou-se em uma atração para o público. Os animais estavam tão bem-adaptados que se reproduziram. Era muito engraçado observá-los nas acrobacias, dando verdadeiros *shows*, sempre pendurados por seus rabos preênseis e os enormes braços, que, ao mesmo, seguravam os filhotes.

Os bisões

Atento às inovações, Chico queria criar mais atrações no Simba Safari. Sem saber ao certo o que aconteceria, resolveu soltar um casal de bisões. Estudou o setor onde seriam alocados e os deixou alguns dias na área de adaptação. Observando-os durante algum tempo, achou que não causariam problemas. Quando a mídia chegou para testemunhar a soltura dos animais, ele recomendou que os veículos ficassem junto ao barranco, e que os repórteres fotografassem tudo através das janelas dos carros, com os vidros abertos.

Soltaram o casal de bisões. Imediatamente o macho resolveu demarcar seu território. Virou o traseiro para os carros, escavando o solo e jogando um monte de terra nos jornalistas! Em seguida, deitou-se e começou a dar chifradas no chão.

Não havia o que fazer. Sem perder o controle, Chico mandou prender os animais, para tentar condicioná-los com mais calma. Após o condicionamento, o casal de bisões ficou mais pacato e logo se adaptou aos funcionários e aos carros.

Enfim, a girafa

Durante quinze anos Chico tentou colocar uma girafa no parque. Conversou com o pessoal do zoológico, que tinha esse animal disponível, mas eles não queriam ceder o animal.

Depois de todos esses anos insistindo, enfim conseguiu a aquiescência de um dos novos diretores, e a girafa chegou!

Mas a confusão estava por começar... Construir um abrigo para uma girafa não é tarefa fácil: o local precisava ter mais de seis metros de altura e, mesmo assim, ela não se adaptava de jeito nenhum à nova casa. Para que começasse a ter um pouco de confiança, abriram uma janela a cinco metros de altura, por onde a girafa seria alimentada. Aos poucos ela foi se adaptando, até que conseguiram fazê-la chegar perto dos automóveis e enfiar quarenta centímentros de língua dentro dos carros! No final do expediente, a girafa voltava contente para sua casa!

Ariscos, os Macacos-prego do Simba faziam a alegria dos visitantes

Chico!

Fazia tanto tempo que eu não vinha ao Simba!... mas tenho certeza que só agora eu o estou vendo direito. É super – super – super-chique e super-divertido. Obrigada pela sua hospitalidade e simpatia!

Beijos
Vera Fischer
VERA FISCHER
S.P. – 25 – 5 – 88.

Órix

Ema

> Simba Safari!
> Coming all the way from Africa to see the biggest lions in Sao Paulo was a great experience. Thank you very much for such a throughtfull of emotion.
> Love from Africa. Paul

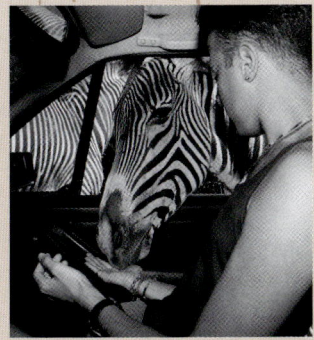

muito.
om a sua
ade V. Deveria
citario.
ALEX PERISCINOTO
ACP 28.10.89

Zebra
de Grevy

Urso

Ranger do Mala Mala - The
Game Reserve, África do Sul

Muy estimado Sr. Juez de S.E. Galves

Mi familia y yo hemos disfrutado y admirado este maravilloso "SIMBA SAFARI", donde los animales viven prácticamente en su habitat natural, libres y felices.

Espero que muy pronto lleguen los Thomas de Chile a este magnífico parque.

6 mayo 1989

Fernando Prieto Vial
Cónsul General de Chile

Pavão Real

Cob

Ao grande caçador Chico Galvão

do amigo caçador de cenas...
Nenê
Manoel Victor
13/5/87

MANOEL VICTOR
Escola Pan-Americana de Arte

Chico Galvão ao lado de Mário Autuori e de Hermann Moraes Barros

> Meu caro Chico!
> Tudo o que estou vendo está de acordo com você. Acredito que só um amante das coisas da natureza poderia ter feito este recanto maravilhoso. Parabéns!

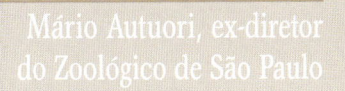

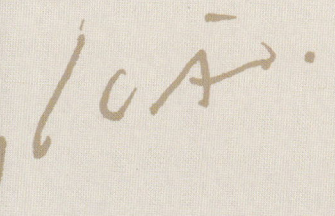

Mário Autuori, ex-diretor
do Zoológico de São Paulo

O tigre siberiano era um dos animais do Simba que mais impressionavam os visitantes

OS TIGRES DE BENGALA

Chico sempre pensava em melhorar e incrementar seu parque. Numa ocasião, conversando com Nuno Vecchi, surgiu a idéia de colocar os quatro tigres de Bengala nascidos no zoológico, que eram da mesma ninhada, já que havia um espaço no parque reservado a outros felinos. Depois de algumas reuniões com o Dr. Mário Autuori, o zoológico cedeu os dois casais de tigres reais de Bengala, que haviam vivido juntos desde filhotes.

Chico já sabia que o tigre é um animal solitário, e não gregário como o leão; por isso, tinha algumas dúvidas. Discutindo com Ladislau e Nuno, Chico expôs que, quando os animais fossem soltos, cada macho demarcaria o seu território. Como resultado, haveria muitas brigas. Mas era preciso testar.

O dia da soltura foi impressionante! Um tigre é enorme, imaginem quatro! Assim que foi dada a ordem para soltá-los, os animais saíram com muita lentidão, farejando o ar. Em duas horas, cada um havia marcado o seu território. E não deu outra! Começaram a brigar e a se engalfinhar numa luta de morte! Um dos machos queria sair daquele espaço de qualquer maneira, e tentou pular a cerca. Às seis horas da tarde, telefonaram para Chico, que voltaria com Nuno para fazer o plantão da noite e tentar controlar a situação.

Prepararam alguns sanduíches, envoltos em folhas de papel-alumínio, e os levaram para o jipe a fim de enfrentar a vigília. Dirigiram-se ao setor dos tigres, e estavam dispostos a agüentar quanto tempo fosse necessário para conter o tigre.

Dentro do jipe, procuravam distrair o felino a cada vez que ele ameaçava pular. Primeiro usaram os faróis, tentando verificar se chamariam a atenção do animal com as luzes.

Nada adiantava! Chico não gostaria de atirar no animal, mas, se o bicho tentasse pular a cerca, teria de ser abatido (nesse caso de nada adiantaria uma arma anestésica, pois o tigre demoraria de 10 a 15 minutos para adormecer, e, nesse espaço de tempo, o estrago poderia ser muito grande).

Após várias tentativas infrutíferas, às três horas da manhã, aconteceu algo imprevisto. Nuno estava cansado e com fome. Pegou um sanduíche – embrulhado em papel-alumínio – e, enquanto desembrulhava o lanche, o tigre imediatamente parou e começou a prestar atenção no barulho. Quando tentou pular novamente, fizeram o mesmo barulho amassando o papel e... o bicho parou!

Chico e Nuno conseguiram segurar o tigre até às seis da manhã com o barulho do papel alumínio, até que o animal se acalmou e deitou-se. Conseguiram até fazê-lo comer um enorme pedaço de carne!

O condicionamento dos tigres deu muito trabalho e levou mais tempo que o condicionamento dos leões. Mas, com jeito, paciência, jogo de cintura e muita persistência, conseguiram que os felinos ficassem juntos, convivendo em paz.

Uma das tigresas foi excepcional! Ela acuou na porta da jaula em que passava a noite e, após dois dias e depois de uma grande tempestade, precisou ser laçada e arrastada para dentro da jaula.

Depois dessa ocorrência, foi desenvolvida uma técnica que somente Chico Galvão, no mundo, conseguiu: através de condicionamento, recolher todas as suas feras nas jaulas, em 21 minutos.

Isso aconteceu por causa de outro fato incomum. A passagem de uma espécie de tufão derrubou três grandes árvores sobre as telas dos leões, danificando-as. Os 21 felinos ficaram praticamente soltos no parque, o que poderia resultar em uma escapada geral para outros locais. Os *rangers* ficaram de plantão, com armas e equipamentos para evitar que isso acontecesse, até que as telas fossem consertadas. A partir desse dia, as feras foram condicionadas para serem recolhidas e presas todas às noites, ou a qualquer hora que houvesse necessidade.

O setor dos tigres foi um sucesso! Os animais cruzaram e, quando as duas fêmeas ficaram prenhas, foram reconduzidas ao zoológico para parir os filhotes, pois, nessa ocasião, as fêmeas expulsam os machos, por saberem que eles, na maioria das vezes, tentarão comer os recém-nascidos. Mas, infelizmente, as duas tigresas morreram durante o parto.

Os dois tigrões pareciam estar esperando pela volta das tigresas, e Chico não conseguia achar novas fêmeas para eles, de forma que os dois felinos permaneceram solitários no parque por muito tempo.

O pessoal do Simba desconfiava que havia uma certa paixão entre os dois tigres, que começaram a apresentar um comportamento "homossexual".

A solução foi importar da Holanda cinco filhotes de tigres siberianos, os maiores do mundo, para serem colocados no lugar dos tigres de Bengala.

Novamente ocorreu o inesperado: os tigres nunca chegaram ao seu destino. Teriam se perdido?! Parecia inacreditável!! Chico, porém, com sua incansável persistência, conseguiu na Alemanha outros quatro filhotes de tigres siberianos, que, no entanto, foram tão bem enjaulados que chegaram mortos! Os pobrezinhos ficaram intoxicados pela própria uréia.

Finalmente, após dois longos anos, o Simba conseguiu os cinco filhotes, e, quando o parque fechou, em 2001, haviam nascido mais de dezessete raros tigres siberianos.

ANIMAIS BRASILEIROS

Com o objetivo de aproximar as pessoas da fauna regional, o Simba conseguiu alguns animais tipicamente brasileiros. Mas, como 99% têm hábitos crepusculares, o público quase não os via.

Uma anta, por exemplo, quando era solta durante o dia, ficava imóvel e dormia o tempo todo, e, após às 17 horas, acordava e destruía tudo à sua volta, o que não era, portanto, muito interessante.

Para alocar uma onça, seria necessário fechar as

cercas na parte superior, para que o animal não as escalasse e fugisse. Essa despesa era inviável na época.

Assim, os únicos animais brasileiros que fizeram sucesso foram os macacos e as emas.

O HIPOPÓTAMO

O último animal que Chico colocou no parque, com muito receio, foi um hipopótamo. Esse animal é considerado um dos mais agressivos do mundo devido ao seu tamanho e periculosidade. Na África, é responsável por boa parte dos acidentes com animais selvagens.

O Simba era considerado um prolongamento do zoológico e, por intermédio do Dr. Mário Autuori, atuava sempre em parceria com o parque. Com a morte de Autuori, no entanto, essa parceria abalou-se, de forma que Chico tinha então que se esforçar bastante para receber qualquer tipo de colaboração, pois passou a ser considerado um concorrente do zoológico, e enfrentou muita adversidade. Numa ocasião foi feita uma pesquisa e constatou-se: 98% dos freqüentadores do Simba conheciam o zoológico, e somente 11 por cento dos que iam ao zoológico conheciam o Simba.

Por isso, só muitos meses depois de solicitado, o Simba conseguiu que o zoológico lhe cedesse um filhote de hipopótamo. Mais um vez, Chico estudou a estrutura do setor onde o animal ficaria. Projetou as cercas, um pequeno lago artificial e tudo o que seria necessário à espécie em questão.

Quando o hipopótamo chegou ao parque, Chico procurou aplicar todos os conhecimentos que tinha sobre esses animais, pois estava com receio de que o filhote escapasse. Sabia inclusive de um caso incrível: um hipopótamo enorme, pesando três mil quilos, aproximadamente, pulou um muro de quase dois metros de altura! Como? Apoiando as patas no alto da parede, agarrou com a boca um galho de árvore que projetava-se sobre o seu recinto, conseguindo passar para o outro lado!

Histórias à parte, o jeito era soltar o pequeno hipopótamo em sua nova casa. Ao chegar ao setor, o bicho foi logo para o laguinho, nadou e depois comeu. Tudo parecia bem!

Como o expediente havia sido longo, Chico resolveu ir para casa. Às três horas da madrugada, recebeu um telefonema de Mané, o chefe dos *rangers*:

– O hipopótamo está muito estressado, querendo fugir! E agora? O que fazemos?

Ele logo foi para o parque a fim de tomar providências. Sabia que não poderia deixar o animal solto no lago, pois ele certamente chamaria pela mãe. A fêmea-mãe continuava no zôo, ao lado da grade que separava os dois parques. A força, a agressividade e o instinto de proteção a levaria até o filhote; com certeza, ela destruiria qualquer barreira.

A solução foi usar esguichos, jorrando água sobre o animal como uma cascata, o que o tranqüilizou e, logo em seguida, o fez dormir!

Mais funcionários no simba

Todos sabiam que aos visitantes era proibido alimentar os animais! Mas como proibir alguém, por exemplo, que alimentasse a Camila se essa pessoa cultivava abóboras especialmente para ela! A solução foi aumentar o número de funcionários, pois, se havia pessoas com boas intenções, também havia gente ignorante ou mal-intencionada. Certa vez, um visitante deu uma lâmina de barbear a um macaco. Que idéia absurda! Por sorte o instinto do bicho fez com que ele pegasse a lâmina e raspasse a pintura do carro (quando os macacos pegam um objeto mais duro, raspam o solo ou a casca das árvores com ele para ver se há vermes. O sujeito, irritado com a atitude do macaquinho, gritou para o *ranger*:

– Olha o que ele está fazendo no meu carro!

O *ranger*, que era treinado para as mais diversas situações, respondeu-lhe:

– Ora! Foi o senhor mesmo que deu a ele esse objeto! Agora, agüente!

Em outra ocasião, um rapaz, dessa vez inocentemente, levou um bife com ossos para dar aos veados... Sem contar Carmelo, e depois mais três camelos, que morreram por causa da ingestão de sacos plásticos. No abdome de um deles foram encontrados 63 sacos de batatas fritas e uma corda de náilon, para puxar esquis, de 8 metros!

Era preciso proteger os animais, porém, com

a contratação dessa leva de funcionários, as despesas do parque aumentaram consideravelmente.

NOVOS *RANGERS* E A CESTA BÁSICA

Com a ampliação e aquisição de novos animais, a quantidade de *rangers* também aumentou bastante. Treinados por Chico e Mané, eram homens que, na maioria das vezes, nunca tinham visto um leão, nem mesmo no circo. Depois da primeira entrevista, diziam ao candidato que ele iria entrar no meio das feras. Chico os orientava para que não rissem nem chorassem; deveriam seguir estritamente suas ordens.

Nos setores das feras, havia um sistema de comportas: dois portões separados, entre os quais ficavam os carros. Assim que o primeiro era aberto, dois ou três carros passavam por ele; o segundo só era aberto após o fechamento do primeiro.

Ao abrir o primeiro portão, alguns candidatos já desistiam. Outros manifestavam atitudes arrojadas, do tipo: "Cadê o leão? Pode deixar comigo!" Esses eram logo dispensados. Os funcionários do Simba tinham de ser equilibrados: nem totalmente arrojados nem apavorados. Para ficar sozinho em um jipe, tomando conta de tigres, leões ou ursos, eram necessários seis meses de treinamento rígido.

Os funcionários do Simba – muitos com quase 30 anos de empresa – sempre tiveram prioridade, em qualquer momento, durante o expediente. As secretárias, com o aval de Chico, podiam interromper reuniões sem vexame, pois ele nunca sabia o que poderia estar acontecendo.

Da mesma forma que contava com seus funcionários, eles sabiam que sempre seriam apoiados pelo diretor. Chico muitas vezes pagava-lhes consultas médicas e os remédios necessários para o tratamento, enquanto não havia seguro médico geral, conquistando a consideração e o respeito dessas pessoas. O relacionamento empregado/diretoria era, assim, extremamente sólido. Chico sempre dizia: "A melhor maneira de esquecer os próprios problemas é ajudar aos outros".

E foi assim preocupando-se com seus funcionários que inventou a cesta básica *in natura*, que, naquela época, ainda não existia no Brasil. Ele conjecturava: "O que adianta oferecer almoço aos empregados aqui no Simba, se em casa seus familiares passam fome?!" Assim começou a distribuir, mensalmente, uma cesta básica para todos.

Logo que tomou conhecimento, uma grande multinacional quis fazer o mesmo e entrou em contato com Brasília, onde mandaram que conversassem com o Simba Safari para conhecer os detalhes do benefício, elogiando a iniciativa. Era mais uma prova de que o Simba tinha preocupações muito além de seus propósitos iniciais, o que hoje seria chamado de "responsabilidade social". Essa iniciativa só tornou-se viável, porque Lairton Nogueira de Almeida, diretor financeiro do parque, achou a maneira certa de organizar tudo, de modo que se tornasse factível.

capítulo

> Acreditando em seu empreendimento, Chico procurou convencer empresários de que o Simba era um interessante meio de *marketing*.

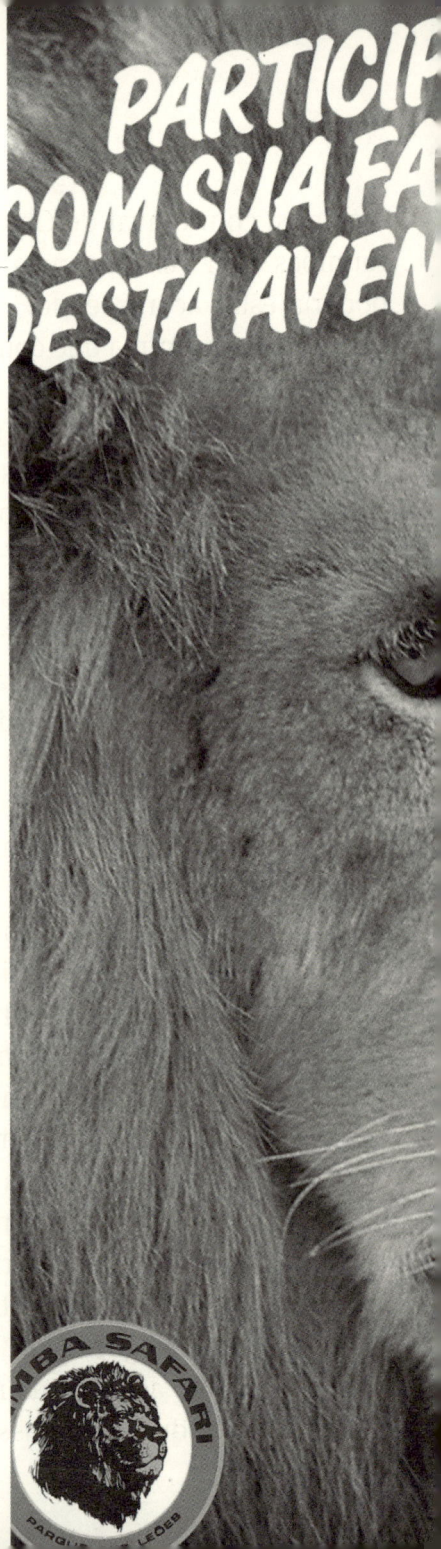

13

FOLHETOS DO SIMBA SAFARI

Acreditando que seu empreendimento seria uma fonte certa para propagandas e patrocínios, Chico procurou convencer alguns empresários de que o Simba era um interessante meio de *marketing*. Infelizmente, o parque não comportava qualquer tipo de *outdoor*, conforme o contrato firmado com a Fundação Parque Zoológico. Chico não queria poluir visualmente a área.

Mas, esperto que era, engendrou duas idéias bastante plausíveis: se uma indústria automobilística aceitasse preparar um folheto explicativo sobre as espécies animais do Simba, seus hábitos e peculiaridades, poderia inserir, no mesmo folheto, fotos de seus automóveis – uma excelente forma de *marketing*, que provavelmente daria ótimo retorno à empresa patrocinadora. A outra idéia era tirar uma fotografia de um casal namorando dentro do carro, rodeado por vários leões, o que seria interessante e inusitado. Na época era moda namorar dentro dos automóveis no Parque Ibirapuera e no bairro do Morumbi.

Pensando nessa segunda possibilidade, Chico foi a uma empresa de propaganda e expôs sua idéia, aprovada pelos propagandistas! Mandaram então uma equipe para registrar essas imagens, mas infelizmente não conseguiram uma boa foto, por causa do medo do casal de namorados, e acabaram desistindo.

Nessa época, como o Simba já era reconhecidamente um ótimo lugar de lazer, a Secretaria de Turismo de São Paulo resolveu ajudar na elaboração de mil folhetos didáticos. Mas isso era muito pouco! O Simba recebia uma média de doze mil carros/mês!

No entanto, ainda restava a idéia da propaganda de carros e, com ela, o patrocínio de mais folhetos. Após 18 anos de tentativas, Chico conseguiu marcar uma reunião com a equipe de *marketing* da General Motors. Eles aceitaram a idéia prontamente e passaram a elaborar os projetos para fazer os folhetos (fotos, textos e propaganda de carros).

Os tão cobiçados folhetos chegaram ao parque! Inicialmente eram vendidos aos visitantes, mas, por causa do grande sucesso que fizeram, a GM passou a patrocinar a distribuição gratuita, durante muitos anos.

Essa foi uma grande vitória!

A IMAGEM DE UM LEÃO NO MERCADO PROMOCIONAL

Sempre à procura de novidades, alguns anos após a inauguração do Simba Safari, Chico pensou em projetar uma "poupança ecológica", utilizando a imagem de um leão. O projeto havia sido estudado nos mínimos detalhes, o que tornaria possível a criação de parques de animais em semiconfinamento, nas principais cidades do Brasil.

Para concretizar essa idéia, apresentou-a à diretoria de um grande banco de São Paulo. Houve interesse imediato por aquele novo tipo de marketing e logo entraram em contato com a agência de publicidade do banco.

Chico, no entanto, surpreendeu-se ao ouvir o diretor da tal agência dizer que não achava uma boa idéia, porque um leão não representava nenhuma imagem. Não permitiu que a idéia fosse desenvolvida e nem quis ouvir os detalhes do projeto.

Foi uma decepção! Mas aquilo não acabaria assim!

Pensou no assunto e decidiu fazer o que hoje considera ter sido... uma loucura!

Numa terça-feira foi ao Simba e separou o maior leão do parque. Colocou-lhe uma coleira com quatro enforcadores, auxiliado pelos *rangers*. Pôs o bichano no jipe, e se dirigiu até a sede da empresa, localizada em uma avenida de grande movimento em São Paulo. O enorme leão era muito manso... mas ninguém sabia disso!

Às 14 horas, em pleno horário comercial, desceu do jipe segurando aquele animal magnífico. O movimento da avenida praticamente parou. Porém, o mais curioso ainda não acontecera: quando entrou no edifício, os homens da segurança tentaram impedi-lo, mas recuaram imediatamente diante daquele enorme leão!

Nada obrigaria o obstinado Chico a desistir do que havia planejado. Tentou subir pelo elevador, mas o leão era muito grande e não caberia. Não teve dúvidas. Subiu as escadas até chegar à sala da diretoria da agência de publicidade. As pessoas da agência já estavam paradas, curiosas e assustadas: "Aonde esse louco está querendo chegar com esse leão na coleira?!" Quando entrou na sala de reuniões da diretoria, a secretária gritou, apavorada:

– O que o senhor está pretendendo com isso? Que loucura!!

Chico logo retrucou:

– Eu quero provar uma coisa para o seu patrão... (e disse o nome do tal diretor que havia barrado o seu projeto).

A secretária, tremendo, afirmou:

– Mas ele não está aqui!

Outros funcionários graduados estavam reunidos na sala ao lado e, quando Chico entrou com o leão, imediatamente levantaram-se e recuaram, encostando-se nas paredes. Com todo o potencial de sua voz, ele gritou:

– Que pena que o "fulano" não esteja presente também! Eu estou aqui para demonstrar que leão não representa coisa alguma, conforme ele disse. Pensem no que estão sentindo neste momento e transmitam essa sensação a ele! – virou-se com seu "leãozinho" e voltou ao Simba.

Folhetos patrocinados ajudaram a divulgar as regras de segurança do parque

Os agentes publicitários ficaram revoltados com aquilo. Porém, não sabiam que, com aquela atitude impensada, o tal diretor, ao barrar as idéias de Chico, impediu que futuramente o projeto desse continuidade ao Simba, abrindo possibilidades para criar outros parques de preservação no Brasil.

Um milhão em prêmios

Quando o Simba estava no auge de seu sucesso, uma grande empresa comercial de São Paulo propôs aos dirigentes do parque um tipo de propaganda para divulgar uma promoção desenvolvida para seus clientes.

O publicitário da empresa queria utilizar o setor dos leões para dispor, em enormes proporções, os numerais de 1.000.000 (um milhão).

A idéia era que os leões passassem entre as cifras, no meio de carros, móveis, utensílios domésticos, camas, sofás, geladeiras etc., os prêmios para os clientes da empresa.

Chico avisou que não era uma boa idéia colocar certos objetos no setor, pois os leões estragariam tudo. Mesmo assim, o publicitário dizia:

– Os seus leões estão bem alimentados? Então deixa comigo que eu entendo da coisa!

Chico, percebendo o que iria acontecer, convidou os amigos para assistirem ao evento e se divertirem.

No dia da promoção, ele chegou ao parque e

viu tudo pronto, inclusive talheres, abajures, aspiradores de pó, máquinas de costura e tudo o mais, no setor dos leões. Alertou imediatamente o homem da promoção que aquilo não daria certo. O homem insistiu. Então Chico esbravejou:

– Posso soltar os leões?

– Solte as feras, o resto é comigo! – respondeu o publicitário imediatamente.

Leões soltos e interessados nos objetos passaram a estraçalhar e a arrasar com tudo, fazendo um verdadeiro pandemônio e simplesmente destruindo as peças. Só ficaram inteiros os carros e as geladeiras.

– Tire os leões daí, pelo amor de Deus! – gritava o publicitário, muito aflito.

E Chico retrucava:

– Eu avisei! Agora não dá para fazer mais nada...!

capítulo

> Os leões não podiam subir nos carros dos visitantes. Porém, havia uma leoa que amava carros brancos.

Camila no seu trabalho de relações públicas

14

Visitantes inusitados

Muitas coisas inusitadas aconteceram no Simba Safari, e acabaram ficando para a história do parque por conta da originalidade dos fatos.

O MERCEDES BRANCO

Os leões não podiam subir nos carros dos visitantes; só nos jipes do parque. Porém, havia uma leoa que amava carros de cor branca. Ela subia, e amassava a capota. Depois de tirá-la dali, a capota era "consertada" com um soco por dentro do carro. Às vezes, o proprietário nem percebia quando Chico e sua equipe "consertavam" o veículo.

No entanto, um dia, após uma forte chuva, o parque ficou todo enlameado. Em seguida, entraram dois carros Mercedes – na época os mais caros no mercado brasileiro –, com chapas do Rio de Janeiro. Um dos veículos era vermelho; o outro, branco. Ao ver os automóveis, Chico logo avisou o *ranger* do setor da leoa:

– Está entrando um Mercedes branco. Cuidado! Se acontecer alguma coisa, terei de vender o parque para pagar o conserto!

Passado algum tempo, o *ranger* voltou a falar pelo rádio:

– Quero a minha demissão!

– Isso não é hora para brincadeiras! – disse Chico irritado.

– Mas não é brincadeira! A leoa subiu no Mercedes!

– Como?! – disse Chico mostrando nervosismo.

Chamou alguns funcionários e separou baldes com água e panos para limpar o Mercedes, pois, se o problema fosse sério, tentaria amenizá-lo. Quando o carro saiu do setor dos animais, deu logo um soco por baixo da capota do Mercedes para consertá-lo, enquanto um dos funcionários limpava o automóvel. O proprietário saiu do carro e gritou:

– O que vocês estão fazendo?

– Estamos limpando! A leoa subiu no seu carro e o deixou todo enlameado – o pessoal explicou.

– Mas isso é uma recordação! É uma forma de provar que eu estive bem perto de um leão! Deixem como está!

Foi um dos maiores alívios que Chico sentiu durante toda a sua vida no Simba Safari.

A SUICIDA

Certo domingo, o parque estava lotado, congestionado em todos os cantos. Para se certificar de que tudo corria bem, Chico resolveu dar uma volta em um dos jipes. De repente, recebeu um chamado de sua secretária, pelo radiotransmissor. (Esses rádios eram interligados aos jipes e à administração, o que permitia que todos ouvissem qualquer mensagem.)

A moça disse:

– Vou ler para você um bilhete muito estranho! Ouça: "Adeus, fui servir de alimento para os leões do Simba Safari!"

– Mas o que é isso?!

– O marido de uma senhora encontrou, hoje cedo, este bilhete em casa. Está desesperado e trouxe uma foto da mulher – explicou a secretária.

Foi dado um alerta geral e ordenado que o tal homem fosse colocado no jipe de apoio, que rodaria o parque na contramão, e tentaria encontrar a mulher antes que acontecesse uma tragédia.

Após uma hora, o jipe de apoio brecou ao lado do Chico. O *ranger* Kaká, que era carioca e muito gozador, falou pelo rádio, com aquele seu sotaque peculiar:

– Eu já sei o que aconteceu com a suicida!

Chico ficou aflito, pois o marido estava no jipe, ao lado do *ranger*, escutando tudo. Tentou calar o *ranger*, mas não conseguiu. E o rapaz continuou:

– Ela deixou aquele bilhete para poder "trepar" sossegada com o namorado dela...!

Somente no final do dia, conversando com o pessoal da Transafari – empresa que transportava os visitantes que não tinham automóvel ou cujos carros eram inadequados para entrar no parque, como automóveis de teto solar ou conversíveis –

um dos motoristas contou:

– Eu sei quem é essa mulher! Ela entrou seis vezes na nossa perua. Entrava e, quando chegávamos ao portão do parque dos animais, pedia para descer porque tinha medo! Depois da última vez, desistiu e foi embora!

ITALIANO DISTRAÍDO

Antes de contratar recepcionistas, o comitê de recepção que informava aos visitantes da importância de lacrar os automóveis, era formado por amigos, parentes e pelo próprio Chico. Em uma ocasião, receberam um automóvel enorme, ocupado por um italiano e sua família, somando dez pessoas. Sugeriram que ele deixasse uma parte das pessoas na recepção e fizesse a segunda volta de graça. O italiano, com seu sotaque peculiar, disse que tinha ar condicionado no carro e queria entrar no parque daquele jeito, todos juntos. O pessoal da portaria verificou se a temperatura era aceitável, e os deixou passar.

Passados alguns minutos, a administração foi alarmada por gritos e mensagens pelo rádio. O italiano, ao se deparar com o primeiro grupo de leões, ficou tão empolgado que não olhou para a estrada. Distraído, subiu no barranco e capotou em cima de um Volkswagen!

Apesar do susto, em seis minutos conseguiram tirar todos do setor, sem maiores problemas. A equipe do Simba nunca imaginou que um acidente como esse pudesse ocorrer, mas os *rangers* estavam preparados e treinados para qualquer eventualidade, pois sabiam que o medo, a alegria e a emoção sempre dominavam os visitantes, distraindo-os, o que, eventualmente, poderia causar um acidente.

OS TRÊS BÊBADOS E OS LEÕES

Na calada da noite, três bêbados resolveram dormir na mata ao lado do zoológico, para entrar de graça no zôo, no dia seguinte. Só que eles não sabiam que aquela mata era o Simba Safari...

Além de bêbados, estavam drogados, e acabaram se instalando num buraco, no centro do parque (ao qual os jipes não tinham acesso). Na manhã seguinte, após a inspeção rotineira, os leões foram soltos, "rangeados" pelos jipes. Provavelmente os sujeitos, achando que eram jipes da polícia, esconderam-se ainda mais e não foram avistados pelos *rangers*. Mas os leões livres perceberam os invasores e entraram em procedimento de caça.

O *ranger* que acompanhava aquele grupo não entendeu o porquê daquela atitude dos leões, mas logo descobriu o que estava acontecendo quando avistou os bêbados em pé, pedindo socorro! Imaginem a sensação de pavor quando os três acordaram no meio das feras!

Por sorte, o *ranger* pediu ajuda aos outros jipes e conseguiram evitar uma caçada aos humanos! Um dos bêbados logo pulou a tela; o outro estava tão apavorado que não conseguia escalar a grade por causa de seus sapatos, de bico largo, que o fazia subir e escorregar nas malhas da tela. Após algumas tentativas, conseguiu pular. O terceiro, no entanto, entrou em estado de choque: ajoelhou-se e cobriu o rosto com as mãos.

Enquanto isso, os leões se preparavam para atacar; os jipes não tinham acesso ao buraco, e o sujeito permanecia paralisado. O *ranger* se perguntava: "E agora? o que eu faço?!"

De repente ficou furioso...! Apontou o revólver e ordenou ao bêbado:

– Pule já a cerca ou te arrebento os miolos!

Foi a salvação do invasor que voltando a si pulou a cerca! Felizmente, os leões havia muito estavam condicionados para dormirem em suas jaulas. Caso contrário, o Simba teria tido várias vítimas por invasões e ataques de leões soltos.

ACIDENTE DE CARRO NO SETOR DOS LEÕES

O paulistano passava a semana inteira no meio de congestionamentos. No domingo, ao chegar ao Simba, a coisa podia não ser lá tão diferente, e sempre havia motoristas estressados. Um dia, pouco antes de chegar ao primeiro grupo de leões, houve uma batida entre dois carros. Os ocupantes saíram dos automóveis para discutir, quando perceberam onde estavam. Depressa, entraram novamente nos veículos, apavorados!

Avisado, Chico já esperava na saída para apartar uma provável briga. Mas qual não foi sua surpresa ao ver todos saindo às gargalhadas. Explicaram que, por causa do nervosismo e da pressa, quando entraram novamente nos carros, dois deles entraram no automóvel do "inimigo".

UMA LINDA MULHER

Havia algumas pessoas ignorantes, que simplesmente desciam de seus carros a fim de se exibir ou fazer experiências.

Uma linda mulher, em pleno sábado, ao entrar no Parque dos Macacos, despiu-se totalmente dentro de seu automóvel. Ao notar a estranheza do *ranger*, disse:

– Eu estou nua para verificar se o ser humano excita os macacos!

VISITANTES JAPONESES

Um domingo, uma família japonesa visitava o Simba pela primeira vez. Saindo do setor dos leões, o motorista abriu um pouquinho a janela do carro. Levantando uma criança, chamava o *ranger* gritando:

– "Geri, geri!" – ou qualquer coisa parecida. O *ranger*, sem entender, respondia sorrindo:

– Obrigado! Para o senhor também! – depois de insistir algumas vezes, o trânsito andou e o visitante seguiu adiante. Mais tarde, o pessoal do Simba ficou sabendo que "geri" queria dizer diarréia.

PERUCA AOS MACACOS

No Parque dos Macacos havia alguns que adoravam puxar os cabelos e tirar os óculos dos visitantes, enfiando as mãos através das grades. Uma vez, uma senhora muito loura entrou com seu automóvel gesticulando e falando alto para chamar a atenção. De repente, um dos macacos puxou-lhe o cabelo. Era uma peruca! O bicho levou a peruca para cima de uma árvore. A senhora, completamente calva, ficou constrangida e enterrou-se no banco do carro. Os outros visitantes aplaudiram, achando graça. Meia hora depois, o *ranger* conseguiu trocar a peruca por um rádio de pilhas que ofereceu ao macaco...!

OS BAD BOYS

Uma turma de rapazes a bordo de um Passat preto – símbolo de *status* na época – entrou na administração para pedir reembolso dos ingressos. Eles disseram que não tinham experimentado nenhuma emoção e que o passeio havia sido sem graça.

Chico sabia que isso era impossível. Todo visitante, após deixar o parque, respondia a uma pesquisa de opinião, e eram bem conhecidos os resultados: emoção era o que não faltava no meio dos leões. Ainda mais num dia como aquele, durante a semana, em que o parque contava com menos visitas e, por isso, quem lá ia sempre tinha mais tempo para observar os animais. Sem contar que os *rangers* se empenhavam ainda mais para movimentar os felinos e impressionar os visitantes. Chico não pensou duas vezes.

– Vocês querem emoção?! Podem entrar novamente no parque para saber o que é ter emoção...! – deu ordem pelo rádio para que os *rangers* jogassem bastante carne nos vidros do carro dos rapazes. Quando os meninos chegaram no setor, os *rangers* fizeram conforme as ordens que receberam. Jogaram um monte de carne nos vidros. Os leões saltavam sobre o carro e escancaravam as bocas para apanhar o alimento. Os rapazes olhavam diretamente para as goelas dos leões, ali, bem perto deles, tendo somente o vidro como escudo. Quase morreram de medo e saíram xingando, com o carro imundo!

TRÊS ASSALTOS NO SIMBA

NA BILHETERIA

Em meados dos anos 1980, o Simba Safari sofreu seu primeiro assalto na bilheteria. As recepcionistas dispararam o alarme, oculto sob o balcão, e os *rangers* imediatamente enfrentaram os bandidos, tirando-os de lá pelas orelhas e levando-os até a administração. Depois de um tempo, e com medo dos *rangers*, um deles falou:

– "Dotô! Eu te dô meu relógio e mais dois milhão de cruzeiro pro sinhô deixá a gente imbora!" – A polícia foi acionada e levaram os assaltantes.

NA ÁREA COMERCIAL

Uma noite, Chico e sua mulher estavam saindo do carro para entrar na casa do Simba a fim de preparar a recepção da noite seguinte. Nesse momento houve uma tentativa de assalto, com tiroteio, na área comercial que ficava próxima à casa. Chico e a mulher ficaram então no meio do fogo cruzado entre os *rangers* e os assaltantes. Para escapar dos tiros, agacharam-se e foram até a casa, onde conseguiram chamar a polícia. Sempre solícita, a corporação logo compareceu e resolveu o caso.

O TERCEIRO ASSALTO

Seis meses antes de fechar, o parque sofreu outro assalto à noite. Os bandidos prenderam e machucaram os guardas-noturnos, roubaram todas as armas do Simba e levaram tudo o que puderam pegar.

Durante uma semana, o Simba foi aberto aos visitantes gratuitamente, porque, sem armas, não haveria segurança para soltar as feras perigosas.

FEBEM NO SIMBA

Foi gratificante receber os menores infratores da Febem, quando visitaram o parque pela primeira vez. Os adolescentes foram transferidos dos ônibus gradeados para as peruas do Simba, e Chico acompanhou o passeio. Quando os meninos entraram no setor dos animais, demonstraram comportamento agressivo, xingando uns aos outros e fazendo brincadeiras desagradáveis. À medida que continuavam, no entanto, a balbúrdia foi diminuindo. Os jovens se acalmaram e, ao final, estavam fascinados com as feras! Agradeciam a chance de conhecer coisas diferentes das do mundo-cão em que viviam. Foi um momento emocionante, que confirmava o que o Chico sempre pregou: "A educação ambiental pode ser uma maneira de influenciar e ajudar a resolver essas questões sociais tão graves".

capítulo

> Chico notou que toda vez que o parque estava cheio de carros, o mesmo macaco ficava bêbado

Macaco-aranha

15

TRAVESSURAS DE ANIMAIS

CRIANÇAS LOURAS E O LEÃO

Sansão adorava louras! Especialmente crianças louras com cabelos da cor da palha do milho. Era incompreensível, mas, quando havia dentro do carro um visitante com essa característica, o leão tinha um comportamento bizarro: cercava o automóvel, pulava e tentava atacar e pegar a loura. Como resolver esse impasse, já que não poderiam tirar o animal do grupo? Sansão era importante no setor dos leões pela sua majestosa aparência, mas não era conveniente deixá-lo agir daquela forma. Poderia ser perigoso!

Para fazer um teste, Chico comprou uma bela peruca loura. Colocou-a e foi em seu próprio carro para o setor dos leões. A intenção era tentar condicionar Sansão, provido com uma seringa cheia de álcool (sem agulha).

Esperou o leão se aproximar e balançou os cachos. Imediatamente Sansão se aproximou para cercar o carro, recebendo uma borrifada de álcool no focinho. Isso foi feito diversas vezes até Sansão desistir daquele comportamento!

QUATI EM MOEMA

Às oito horas da noite, Chico recebeu o telefonema de um fulano que estava bastante nervoso!

– Faça-me o favor de vir buscar o seu quati que está na minha garagem!

Surpreso, Chico perguntou:

– De onde o senhor está falando?

– Eu estou no bairro de Moema.

– Em Moema? Acho que está havendo um engano! Como é possível?

Quando foi buscar o quati, descobriu que o sujeito havia entrado com seu Volkswagen no Parque dos Macacos, onde também ficavam os quatis. Um deles resolveu fuçar o carro, e depois, de alguma forma, passou para dentro do capô. O carro se movimentou, e o bicho, provavelmente assustado, ficou escondido, bem quietinho, até chegar à garagem do homem, em Moema.

O MACACO BÊBADO

Era domingo, e o parque estava completamente cheio. De repente, um macaco começou a apresentar um comportamento muito estranho: andava em ziguezague, aborrecido e muito enjoado. Achavam que ele estava doente, mas, ao pegá-lo, o cheiro de álcool em seu hálito era típico de quem havia tomado bebida alcoólica. O macaco estava bêbado!

– Mas como é possível? – indagaram.

Observando os fatos dali em diante, Chico notou que toda vez que o parque estava cheio de carros o mesmo macaco ficava bêbado. Depois de muito pesquisar, finalmente desvendaram o mistério. Quando os automóveis paravam, o macaco mordia o cano de combustível dos carros movidos a álcool. Tomava bastante líquido e se embriagava!

O LEÃO BORRACHEIRO

Borracheiro adorava morder os pneus dos carros. Mais do que apenas mordê-los, sua grande festa era furá-los e esperar que o ar comprimido saísse, contraindo os músculos de seu focinho, fazendo parecer que estava rindo! Nos dias em que o parque estava lotado e o *ranger* não tinha condições de olhar leão por leão, o Borracheiro escapava, por segundos, ia até o carro e... "nhact" no pneu! Foi um árduo trabalho condicioná-lo de forma a não fazer mais isso.

Para trocar o pneu, o visitante era orientado a avançar um pouco, até deixar o setor do primeiro grupo de leões. Dois *rangers* executavam o serviço: um trocava o pneu e o outro dava cobertura com uma arma, pronto para atirar, já que estavam muito perto das feras. Carros quebrados eram puxados pelos jipes, até saírem do setor dos animais.

VINGANÇA DE ZÉ BRÃO

Zé Brão gostava de enfiar a cabeça nas janelas dos carros porque sabia que iria ganhar alguma comida. Mas, quando encontrava a janela fechada e batia o focinho no vidro, ele se vingava! Mordia e tentava arrancar as calhas de plástico que os automóveis possuíam antigamente. Os donos dos carros xingavam, e a administração do Simba pagava o prejuízo.

FILHOTES DE LEÕES E FOLHAS DE PALMEIRAS

Havia oito filhotes de leão que eram "independentes" e totalmente desligados. Ninguém conseguia, de forma alguma, chamar-lhes a atenção para condicioná-los. Eram traquinas, endiabrados e não ligavam para nada que acontecia à sua volta! Queriam apenas brincar entre eles.

Um dia, casualmente, caiu uma folha de palmeira no setor desses filhotes. O *ranger* abriu um pouquinho a porta do jipe e esticou a mão para apanhar a folha e arrastá-la para fora do setor. Quando olhou para trás, viu um monte de leõezinhos agarrados na tal folha, tentando puxá-la! Isso serviu para alertar o pessoal do parque. Então, quando queriam recolher os bichinhos para prendê-los nas jaulas, pegavam uma folha de palmeira, arrastavam-na com rapidez e depois a jogavam no final do corredor das jaulas, onde os filhotes, tentando agarrá-la, acabavam entrando, e o *ranger* trancava a jaula. Era o acaso, mais uma vez, ajudando ao Simba!

URROS NO SHOPPING CENTER

Grandes amigos, Jorge Alves de Lima Filho e Chico aprenderam na África como urrar feito leão (chamar leão no pio). Tempos depois, encontraram-se em um *shopping center* de São Paulo. Durante a conversa, que girava em torno das diversas fases da vida dos leões, começaram a urrar imitando machos, fêmeas, adultos e filhotes. Não se deram conta de que estavam chamando a atenção dos lojistas, compradores e freqüentadores do local. Por fim, formou-se uma roda em torno dos dois amigos, e as pessoas riam! Os dois, percebendo a situação, pararam de urrar e voltaram a conversar sobre os leões que Jorginho havia importado para a sua fazenda.

capítulo

> **As pessoas, dentro das peruas do Simba, assistiam aos *shows* noturnos e depois participavam de um churrasco.**

Entrada do parque

16

Outras atrações

O Simba Safari era um poço de novidades, mas uma delas foi curiosamente gratificante.

Chico achava que um contato mais íntimo do público com os *rangers* e os animais seria interessante para todos. Depois de muito pensar, lembrou-se do que havia visto no Kruger National Park: o espetáculo noturno com os leões!

Pensou então em fazer algo semelhante no Simba. Entusiasmado, comprou um vitelo e tirou-lhe as vísceras. Para completar o evento, convidou amigos, parentes e repórteres.

Quando chegou a noite, vários carros estacionaram ao redor do vitelo morto, e um grupo de leões foi solto. A expectativa era grande, mas logo os felinos devoraram toda a carne, sem mostrar agressividade e, em seguida, dormiram. Não houve nenhuma emoção, e os convidados pareciam decepcionados.

Mas Chico não desistiu! Com sua autoconfiança inata, fez outra tentativa.

Dessa vez, comprou um enorme novilho, já

abatido. Para aqueles que se mostravam penalizados pelo ruminante morto, Chico dizia:

– Os leões são feitos para caçar e matar. Aqui no Simba, eu tenho que alimentar meus leões, só que eles já recebem carnes específicas, aos pedaços. Na natureza, caçam e matam qualquer presa que conseguem atacar. Quero mostrar a vocês... o banquete!

E assim começou o evento. Naquele segundo *show* noturno, amarraram o novilho em uma das pontas de um cabo de aço. Passaram o cabo, através de roldanas, por cima do galho de uma árvore frondosa; a outra ponta foi fixada em um dos jipes.

Cada vez que os leões chegavam perto do novilho, o jipe era movimentado para erguê-lo do solo, diversas vezes. Os leões entraram em processo de caça e atacaram a presa com fúria, patadas e urros.

O público presente assistiu emocionado ao *show*, apreciando as feras, que saltavam tentando agarrar o boi suspenso, até conseguirem despedaçá-lo, devorando toda a carne. Foi um sucesso!

Naquele mesmo dia, os norte-americanos tinham atacado Hanói e iniciado a guerra no Oriente. Ao tomar conhecimento disso, Chico ficou aborrecido, porque a data de seu evento noturno coincidira com aquele início de guerra; além disso, o ataque a Hanói provavelmente tomaria as manchetes dos jornais no dia seguinte.

Porém, qual não foi sua surpresa quando viu a única fotografia na primeira página do Jornal do Brasil: os leões caçando e comendo à noite, embora a manchete principal fosse referente a Hanói. Mais uma vez, ficou patente que a imprensa sempre esteve ao lado do Simba Safari e de Chico Galvão, prestigiando-os com suas reportagens, que eram sempre matérias muito boas.

Realizaram-se três *shows* noturnos. As pessoas, dentro das peruas do Simba, assistiam à "caçada" dos leões e depois eram convidadas para comer um churrasco, mantendo contato com os *rangers*, que também sabiam contar histórias interessantes.

Além do churrasco, havia a apresentação de um grupo exótico de dança africana, com trajes característicos, que Chico havia descoberto no bar Garitão.

Como não havia ainda um restaurante, tudo era feito ao relento. Um desses espetáculos foi cancelado porque choveu, e o Simba então devolveu o dinheiro dos ingressos.

Até o fechamento do parque, o público pedia o retorno desses *shows* noturnos. No entanto, sem um restaurante, o *show* teria de continuar ao relento, o que, inevitavelmente, traria todo tipo de risco. Mesmo depois de construídas áreas que possibilitariam sua continuação, a burocracia, com tantas exigências sem sentido das autoridades, acabou impedindo que os *shows* voltassem a ser exibidos.

O RESTAURANTE

Chico Galvão não conseguia atrair investidores dispostos a construir um restaurante no parque, bem como uma área comercial sofisticada, com estacionamento condizente, o que realmente daria lucro ao parque. Os interessados que apareciam esbarravam em três problemas fundamentais:

1º A área do Simba Safari era uma das poucas onde ainda existia vegetação nativa, não havendo condições para a derrubada de árvores.

2º Se tentassem mexer naquela mata, o Ibama com certeza se manifestaria.

3º Para abater uma árvore que fosse daquele bosque, seria preciso, primeiro, abater Chico, embora ele, desde o começo, soubesse que o maior lucro daquele empreendimento viria do movimento de lanchonetes, lojas, *souvenirs* e área de lazer para as crianças.

Não poderia ficar parado. Tinha que tentar a construção, mesmo que fosse sozinho!

Com a ajuda de amigos e parentes, conseguiu o material necessário para erguer o restaurante e a butique, que seguiriam o mesmo estilo dos "rondáveis". Não era fácil acompanhar as idéias e o projeto do Chico: o restaurante teria que ser rústico, circular, com sustentação de uma única viga central de madeira. O teto seria coberto com sapé. A equipe discutia diariamente, em debates com palavras ásperas, até quase chegarem às vias de fato!

Para conseguir levantar a estrutura de sustentação, contaram com a valiosa colaboração do Corpo dos Bombeiros. Os homens ergueram a viga central, com nove metros de altura, e ajudaram a firmá-la com segurança.

As mesinhas foram inventadas por Chico e construídas pelos funcionários do Simba: todas estruturadas com cimento. Os banquinhos também eram de cimento, e fixos no chão. O desconforto era proposital, pois, devido à falta de vagas no estacionamento, as pessoas não poderiam permanecer ali por muito tempo. Mas, em compensação, o restaurante improvisado ficava junto a um terraço, de onde era possível observar os leões e, mais tarde, os tigres.

Depois de um ano, a almejada construção do restaurante finalmente ficou pronta! Mas não havia espaço para aumentar o estacionamento... E quem iria arrendar o lugar para exploração?

A área era oficialmente tombada, e nenhuma árvore ali poderia ser derrubada. Se isso tivesse sido feito, não só o Ibama, mas até o Greenpeace teria protestado, impedindo a ação, tal era a preocupação do público em preservar aquela mata. E, Chico, desde o início da construção das estradas, nunca permitiu que nenhuma árvore importante fosse inutilizada.

De qualquer forma, era incrível! Com o potencial de público que o Simba tinha, não aparecia nenhum empresário interessado em explorar o local comercialmente. Nem mesmo as lojas do ramo haviam manifestado interesse.

Naquela área improvisada por Chico, passavam diversos donos, mas todos tão inexperientes que não conseguiam levar o negócio adiante. Era desesperador, pois o público reclamava: não havia um

O restaurante e a butique montados no interior do parque foram arrendados por comerciantes do ramo

lugar adequado para tomar um refrigerante ou comer um sanduíche.

E o mais inusitado. Durante muito tempo, a construção do restaurante ficou "abandonada". E, sem que Chico soubesse, acabou sendo usada por alguns policiais para extrair confissões de bandidos durões. Os policiais levavam os bandidos para aquele local e os amendrontava. Ao ouvir os urros dos leões, diziam ao bandido:

– Se você não colaborar, vamos jogá-lo lá dentro para ser comido pelos leões.

O fora-da-lei contava tudo...!

Logo, porém, Chico soube disso e conversou com o delegado da região. Foi orientado a não interferir, mas o policial assegurou-lhe que o fato não se repetiria. E foi o que aconteceu.

E, finalmente, em 1981 o restaurante e a butique foram arrendados por empresários do ramo. Fizeram algumas benfeitorias e melhoraram o atendimento aos visitantes. Mas Chico não estava satisfeito. O local ainda não funcionava como deveria. A área de lazer destinada a oferecer diversão extra às crianças estava ainda no papel. Suas idéias eram claras, mas, as pessoas, mesmo eventualmente interessadas, não conseguiam assimilá-las e, receando fracassar, não concretizavam o negócio. Ele não admitiria um simples parque de diversões. Tudo deveria girar em torno do assunto "bichos" com uma facção específica de instrução às crianças, que deveriam, ao mesmo tempo, se divertir e aprender tudo o que pudessem sobre a natureza e a vida animal.

EM BUSCA DA ÁREA DE LAZER

Chico Galvão era mesmo persistente. Continuava à procura de um grupo harmônico que reunisse as duas qualidades necessárias ao sucesso daquele empreendimento: idealismo e capital. Conversou com empresários de renome, grupos financeiros de prestígio, pequenos investidores, amigos dos amigos e empresas de turismo. Não esgotava seus argumentos. Expunha suas idéias de maneira clara, ao mesmo tempo em que mostrava as vantagens do negócio.

Finalmente, em 1983 surgiu o grupo financeiro certo! As reuniões de diretoria realizavam-se a qualquer hora do dia ou da noite. Estudavam os prós e os contras. Depois de aproximadamente seis meses de estudos, celebraram o contrato de arrendamento da área de lazer e a aprovação do projeto da Safari Park, nome cuja patente pertencia ao Simba e que foi cedido ao grupo de empresários, que, por mais que "quebrassem a cabeça", não conseguiam encontrar um nome mais apropriado.

O projeto compreendia restaurante, butiques, diversões e lazer para crianças, montagem de brinquedos elétricos, um safári em miniatura com jipinhos e animais de brinquedo imitando os do Simba, um escorregador desenhado por Chico em forma de elefante e, o que era mais importante, um cinema com lotação para cinqüenta pessoas, onde seriam exibidos documentários sobre a natureza, cedidos pela South African Airways. Esse cinema, no entanto, nunca foi construído.

E, mais uma vez, por falta de estacionamento adequado, o empreendimento jamais foi explorado como deveria, de forma que o Simba nunca obteve grande lucro.

capítulo

2 de maio de 2001

> **❝** No último final de semana de funcionamento, houve um enorme congestionamento das ruas e avenidas que davam acesso ao parque. **❞**

Relacionamento simba safari/zoológico

GREVE NO ZÔO
No início, alguns cientistas do zoológico não acreditavam em Chico. Achavam que ele só queria ganhar dinheiro. No entanto, no dia em que os funcionários do zoológico entraram em greve, essa impressão mudou.

Chico, sem titubear, foi para o zoológico, arregaçou as mangas e ajudou em tudo o que foi possível. Eram três mil animais que precisavam ser alimentados, cujas jaulas precisavam ser lavadas. A ele coube a limpeza dos cochos, o que fez das oito horas da manhã até às seis horas da tarde.

No final do dia, cansado, voltava para o Simba, quando foi cumprimentado efusivamente pelos funcionários do primeiro escalão e por alguns diretores do zoológico.

A partir desse dia, a relação Simba/Zôo foi melhorando, até o final do contrato.

O CONTRATO COM O ZOOLÓGICO
Para não ser considerado um comerciante, logo após a assinatura do contrato, Chico doou todos os

animais do parque ao zoológico, antes mesmo de importá-los. Quando o Simba encerrou suas atividades, todo o acervo ficou no parque (hoje Zôo Safari, nome usado indevidamente, pois é de propriedade do Simba). Somente retirou seus pertences pessoais, deixando todas as benfeitorias que fizera, inclusive uma mata totalmente recuperada.

O zoológico recebia 16% do faturamento bruto do Simba. A maioria dos animais foi adquirida e alimentada pela empresa Simba Safari. Por meio de convênio, o zoológico prestava assistência veterinária e biológica aos animais. Toda a parte de etologia (comportamento animal) e condicionamento era de responsabilidade da equipe do Simba. A alimentação e os medicamentos eram fornecidos pelo zoológico e devidamente pagos pelo Simba.

Se não houvesse nenhuma infração das cláusulas contratuais, a concessão da área para o Simba seria quase do tipo "ad perpetum".

No início dos anos 1980, conversando com o Dr. Mário Autuori, Simba e Zoológico resolveram renovar o contrato até o ano 2000, quando seria devolvida a área, que, no entanto, se fosse interessante para o Zôo, poderia continuar sob os cuidados do Simba Safári.

Enquanto mantinha o Simba, sempre inventando atrações, Chico meditava sobre seus sócios, principalmente Hermann, que, depois de ter duvidado e titubeado no início, passou a ser o maior entusiasta do Simba, mostrando-se orgulhoso com a vitória de seu filho "emprestado", elogiando-o. Infelizmente

Hermann faleceu, o que causou uma grande tristeza entre todas as pessoas que o conheceram.

Já no final do contrato com o zoológico, Chico achou que os sócios iriam propor a venda de suas quotas. Mas isso não aconteceu, pois eles tinham grande consideração por ele e não mais o julgavam aquele "louco" que iria encher as ruas de São Paulo de leões. Continuaram na sociedade, confiantes e orgulhosos, e ainda hoje são sócios do Simba.

Quando o contrato acabou, o governador de São Paulo, Dr. Mário Covas, não queria que o Simba fechasse. Mas, infelizmente, faleceu alguns dias depois. O secretário de Turismo concordava com Mário Covas. Chico, no entanto, explicava que deveria, para continuar, receber apoio e incentivo para melhorar e aumentar a área comercial e o estacionamento – o que seria a chave para manter as visitas e, conseqüentemente, aumentar a receita do parque.

Todavia, o zoológico não se interessou pela idéia, e os diretores acabaram decidindo cuidar do parque, sem alterar nada. Porém não foram muito felizes, tendo de prender os leões, os tigres e os ursos, o que descaracterizou o safari.

Foi uma pena! Houve muita reclamação por parte do público visitante. No último fim de semana de funcionamento, embora a mídia alertasse, a pedido do Chico, para que os visitantes não fossem ao parque por temer os transtornos no trânsito, houve um dos maiores congestionamentos nas ruas e avenidas ao redor do Simba Safari, atingindo mais de 30 quilômetros.

Adeus, Simba

O parque de animais soltos, que encantou gerações de paulistanos, fecha e só reabrirá com as feras confinadas

FERAS SOLTA

Reportagem de Veja São Paulo, de 2 de maio de 2001, sobre o fechamento do Simba Safari

"Um macaco pegou a antena do rádio de um carro que estava na frente do nosso e ficou balançando. Foi bem engraçado."
KAKÁ, *jogador do São Paulo*

"L minhas du gêmeas, há meses. Elas de adoraram a proximi os bichos, os mac pendurados no pára-br Jamais esquecerão a experiência."
AMYR KLINK, *navegador*

Os leões foram os primeiros habitantes do parque. Chegaram a ser quarenta. Restam dezenove. Em 1972, um deles matou um funcionário. Foi o único acidente grave na história do Simba

O último safári do rei das selvas

O homem com ar tranqüilo que posou para a foto abaixo, entre quatro leões, não é dublê de cinema nem artista de circo. Francisco Luiz de Souza Corrêa Galvão, o Chico Galvão, que idealizou e dirigiu o Simba Safári durante trinta anos, sempre teve coragem de andar perto de suas feras. Fazia isso para testar o comportamento delas diante de uma pessoa. "Sou um maluco que deu certo", define-se. Caçula entre seis irmãos, nasceu em uma casa no Jardim América. No quintal, de 5 000 metros quadrados, as crianças dividiam o espaço com macacos, seriemas, uma onça e um jacaré. "Enquanto meus amigos se divertiam com carrinhos, eu brincava de Tarzã", lembra. O amor pelos bichos foi herança do pai, o banqueiro Paulo Corrêa Galvão, fundador do Banco Industrial de São Paulo. Mas ninguém imaginava que sua fantasia de ser o homem das selvas chegaria tão longe.

Com 15 anos, foi mandado para a Suíça para estudar, mas isso não o afastou de sua paixão. "Eu subia as montanhas nevadas com sacos de beterraba para alimentar os animais", conta. Em 1968, foi à África para passar alguns dias no Parque Nacional Kruger, um dos maiores do mundo. Ficou oito meses entre Angola, Moçambique e Quênia. Em 1971, abriu o Simba. Aos 62 anos e depois de seis casamentos — ele chegou a namorar uma princesa búlgara, mas acabou se apaixonando por sua dama de companhia —, Galvão dedicou metade da vida ao parque. "O Simba nasceu da minha cabeça", orgulha-se. Seu apartamento no Morumbi está repleto de troféus, dentes de elefante, cabeças de leão e tapetes de pele de animais — todos caçados por ele. "Eu só caçava em áreas permitidas, com excedente de animais", afirma. Tem centenas de livros sobre etologia, o estudo do comportamento animal. "Não há ninguém com meu conhecimento na América Latina", diz. Personalidade forte, voz grave e gestos exagerados, Galvão consegue reconhecer e reproduzir com fidelidade o som emitido por seus bichos. Sofrerá muito se tiver de viver agora longe deles.

ADRIANA CARRANCA

> "Um urso enorme se pôs na frente do carro e ficou em pé. Foi cinematográfico. Nunca pensei que assistiria a uma cena dessas ao vivo. A imagem e o som que ele fazia ficaram guardados na minha memória."
> ELIANA, *apresentadora de TV*

Galvão, com seus leões em 1971: "Maluco que deu certo"

capítulo

> " O objetivo principal do Simba sempre foi sensibilizar as pessoas quanto à necessidade de preservação. "

18

Ano 2003

Nesses 31 anos, entre o safári na África, o Kruger National Park e o Parque dos Leões em São Paulo (que chegou aos 29 anos de existência), pudemos acompanhar todo o processo de consagração do Simba Safari: a primeira idéia, a perseverança na superação dos obstáculos, o desafio de implementar a idéia, o reconhecimento do público e os aplausos da mídia.

Visitando outros países, tivemos oportunidade de constatar que o nosso era um dos melhores parques naturais do mundo. O Simba Safari estava cada vez melhor, bem conservado, com o carinho e o cuidado que o caracterizou desde o início.

Era considerado uma das maiores atrações turísticas de São Paulo, pelo seu caráter "sui generis" e por aliar a idéia de lazer ao ensino e ao incentivo à preservação dos animais e da natureza.

Com a palavra, Chico

Conversando com Chico Galvão, o entusiasmo

vai crescendo, pela maneira como ele expõe quaisquer dos assuntos relacionados à preservação e à ecologia. Sem perceber, entramos para o seu "time" e ficamos torcendo por ele e por seus projetos de criação de novos parques naturais, nas principais cidades brasileiras. Em uma entrevista coletiva sobre o Simba, Chico falou:

– O objetivo principal do Simba Safari sempre foi o de sensibilizar as pessoas quanto à necessidade de preservação, fazendo com que as crianças, principalmente, assimilassem desde cedo as razões pelas quais os animais são importantes, explicando-lhes, por exemplo: "Se todas as aves morressem por uma razão qualquer, o homem teria, apenas, mais 73 horas de vida, porque os insetos o destruiriam; desde a picada direta, com as conseqüentes alergias e infecções, até o entupimento dos esgotos e a contaminação geral da natureza!"

– Será possível evitar um desastre desse calibre? – alguém perguntou.

E Chico continuou:

– Ainda há tempo para arrancar a natureza da agonia causada pela melhoria dos meios de existência. O progresso e a tecnologia nos são absolutamente necessários, mas tudo pode ser feito de forma a não afetar o equilíbrio ecológico. Pela lógica, não convenceremos ninguém a preservar. Já foram feitos esforços enormes para nos salvar da situação em que nos encontramos atualmente. Porém, ainda não foi possível mostrar a realidade, a gravidade e a urgência que exigem de nós que alguma coisa seja feita para preservar a natureza.

Interrompendo-o, outra pessoa perguntou:

– O que fazer para despertar essa consciência de perigo?

Chico explicou:

– Enquanto os problemas inerentes à preservação forem conduzidos passionalmente, em vez de racionalmente, nada de expressivo será realizado. É importante lembrar que o homem também faz parte deste mundo! "Eco-histerismo" não resolve nada!

– Vivemos momentos de "psicose ecológica mundial", mas aos poucos as pessoas saberão definir corretamente o que é ecologia. É inútil discutir preservação se os envolvidos não possuem motivação necessária para cumprir programas propostos. Essa motivação deveria ter sido incutida desde a infância dos que estariam agora ditando as regras.

– E isso poderá ser colocado em prática? – questionou-se.

– Por exemplo: ao vermos uma criança matando pássaros a estilingadas, damos dois tabefes nela e inutilizamos a arma (o estilingue) sem uma explicação lógica. No dia seguinte, a mesma criança fará outro estilingue, muito mais aperfeiçoado do que o primeiro, e o processo se repetirá indefinidamente. Portanto, é necessário fazer com que, desde cedo, a criança assimile as razões pelas quais os pássaros são importantes. No entanto, não convenceremos ninguém a preservar usando somente a lógica.

É preciso falar ao povo, sensibilizá-lo através de amostragens, o que só se consegue em parques que mostrem a natureza e sua fauna, ao vivo. Chega de planejar, politicar, fazendo crer em providências futuras e utópicas. O importante é agir, fazer alguma coisa, mesmo que em condições imperfeitas.

E novamente intervieram:

– Até quando teremos tempo para salvar a natureza?

Chico continuou:

– Até agora não estamos sendo incomodados suficientemente para que nos sintamos em perigo e, assim, logicamente, não agimos, pois ainda não se pode mostrar um homem morto pela poluição! Vamos vestir a verdade de divertida em vez de aterrorizante, a fim de atingir o objetivo principal, usando-a ao mesmo tempo para também atingir os objetivos úteis. Não sou possuidor de uma sabedoria particular, maior do que aquela que os cientistas possuem, que me permita propor bases de programas que possibilitem a reposição da fauna quase extinta, o que é deplorável. Não tenho maiores referências do que a crença de que a existência da fauna e da flora nos sejam indispensáveis.

– Como fazer para que mantenham e cumpram as propostas e tenham motivação para isso? E quem seriam essas pessoas que levariam avante as proposições discutidas desde a Eco-Rio/92? – alguém argumentou.

– A resposta é evidente: as crianças de hoje

serão os jovens de amanhã! – afirmou Chico. – Para tanto, é preciso motivá-las, e essa motivação poderia vir da criação de parques de preservação, cujo principal objetivo seria justamente sensibilizá-las quanto ao processo de preservação, por meio do contato com a natureza, sua fauna e sua flora. Ao fazer o primeiro parque de animais em semiconfinamento da América do Sul, enfrentei toda sorte de ataques e críticas, sem contar com nenhuma ajuda para me defender. Durante sua existência, mais de oito milhões de pessoas o visitaram. No entanto, nunca obtive lucros materiais expressivos daquele empreendimento. O dinheiro deve ser entendido como meio e não como fim. Contudo, saber que seu objetivo foi plenamente alcançado, já é suficientemente gratificante. O "dizimador" em potencial que esteve em contato direto com os animais do Simba nunca matará qualquer animal indiscriminadamente. E isso já é alguma coisa, você não acha? Pode ser idealismo puro. Suponhamos que seja. Mas será que qualquer empresário conseguiria criar alguma coisa sem idealismo? E será que o idealista sobreviveria sem os recursos necessários para realizar os seus projetos? É necessário dar maior ênfase à educação preservacionista pelo método participativo, em lugar de constante teorização. Para ensinar, é necessário facilitar a compreensão! Não adianta criar grandes parques naturais ou reservas ecológicas em lugares distantes. Não porque não se deva fazê-lo. Mas pela simples razão de que as crianças não poderiam ir a esses locais pela dificuldade de locomoção e enormes distâncias. Sem o conhecimento visual e, ao vivo, nenhuma criança aprenderá a preservar!

A entrevista terminou com a seguinte pergunta:

– Se tivesse que fazer um novo Simba, o que você faria?

– Tudo igual. Só que colocaria elefantes, que são animais muito apreciados pelas crianças. Na época do Simba, não foi possível, mas hoje saberia fazer isso perfeitamente.

E assim é o Chico. Sempre teve a capacidade de fazer com que homens que nunca haviam lidado com animais, não só aprendessem o manejo com perfeição, mas passassem realmente a amar o que faziam. Isto foi um dos segredos do Simba. Como exemplo, aí vai a história do Augusto: ele foi *ranger* do Parque dos Macacos por mais de 20 anos. Certo dia, soube que tinha um tumor maligno na perna. Continuou trabalhando normalmente – com total assistência médica do Simba, sem nem sequer ouvir falar em afastar-se. Só deixou o serviço quando não pode mais caminhar. O tratamento médico prosseguiu com cirurgias e longas internações hospitalares. No último dia de funcionamento do parque, sem que ninguém esperasse, Augusto entrou na sala do Chico, no meio da confusão que se instalou naquele derradeiro dia. Apoiado em uma bengala, com o uniforme de *ranger* embaixo do braço, pediu que o deixassem fazer a última coisa que queria da vida: 'rangear' os macacos pela última vez. Foi o único dia em que um funcionário trabalhou sem registro. Pouquíssimos dias após, faleceu...

> A idéia de um novo Simba Safári, muito melhorado, já nasceu e está em fase de desenvolvimento...

Mensagem de cartão de Natal enviado por Chico Galvão em 2002 / foto: Van Lanick

epílogo

Francisco Galvão deixou sua marca nas terras da cidade de São Paulo. Por tudo o que sofreu, mesmo quando parecia encarar as situações difíceis com a tranqüilidade de quem sabia o que estava fazendo; e também pelo que se divertiu, provou que o homem deve conferir os seus sonhos e os seus ideais, conhecendo-os na realidade de sua obra, lutando por eles com a persistência de que são dotados os homens excepcionais.

Por todas essas qualidades, recebeu o título de professor *honoris causa* e várias medalhas de reconhecimento do governo de São Paulo.

Os preservacionistas também devem conferir os seus sonhos. Conhecendo-os pelo que realmente são, chegarão à conclusão de que, para sensibilizar, é necessário despertar emoções. São elas que desencadeiam o processo mental que, gradativamente, permite aos agentes transformadores fazer sua parte no íntimo das pessoas. Então, sim, todos vamos compreender que é indispensável preservar nossa natureza, tão maravilhosa, que o homem vem, aos poucos, destruindo! Sem uma programação rigorosa para preservar as riquezas naturais do nosso país, estamos correndo em direção a um desastre. Sem os animais e as plantas o homem não sobreviverá!

Lamentavelmente o contrato de concessão entre a Fundação Parque Zoológico de São Paulo e o Simba Safari terminou. Apesar dos esforços da Secretaria de Turismo do Estado de São Paulo, a renovação somente seria possível após uma licitação, conforme manda a lei. Francisco Galvão não entraria numa licitação pública para um negócio pioneiro criado por ele, e que somente ele sabia como tocar. Ninguém teria seguido adiante, no início do parque, se não fosse pelo entusiasmo e a perseverança de Chico.

A prova de que o Simba abriria mentes para a preservação, como Chico sempre dizia que iria acontecer, tornou-se verdadeira por meio da abertura de Reservas de Fauna Regional, constituídas em Carajás, no Pará, para a Companhia Vale do Rio Doce, e em Araxá, Minas Gerais, para a CBMM – Companhia Brasileira de Metalurgia e Mineração, comandada pelo Dr. José Alberto de Camargo e, também, de um Safári Parque, num hotel em Angra dos Reis, através da Safari-Tec e da Imparque, empresas que Chico e Ladislau fundaram com o intuito de desenvolver parques de preservação e reservas naturais.

Com toda a experiência adquirida nesses quase trinta anos, Chico não tem concorrentes, porque ele é o único no Brasil que conhece os trâmites, os prós e os contras para fazer um novo Simba.

O começo foi difícil, mas só uma pessoa como ele poderia ultrapassar todos os percalços e conservar o Simba por tanto tempo.

Nos últimos três dias de funcionamento do parque, os macacos-bugios – que nunca mais haviam "cantado" durante o tempo em que o parque funcionou – "cantaram" como se estivessem se despedindo de Chico Galvão. No último dia do Simba, com muita galhardia, ele mesmo, com o sobrinho Tony, "rangeou" os leões, os tigres e os ursos em direção às jaulas e, com o coração apertado, prendeu as feras.

O Inesquecível Simba Safari fechou as portas no dia 30 de abril de 2001, após 29 anos de atividade. Atrás delas, ficou perdido para sempre aquele oásis dentro do coração de São Paulo, que qualquer um de nós sente falta! Um lugar para relaxar e deixar para trás o estresse das grandes cidades...!

Mas, o melhor é ir em frente, como sempre diz Chico Galvão.

– Quem sabe, em breve, um novo Simba Safari nascerá!

CRÉDITOS

Acervo pessoal de Francisco Galvão
Páginas: orelha, 16, 24 alto, 24 embaixo, 71 embaixo, 126 alto, 145 alto e 224.

Acervo Simba Safari
Páginas: capa embaixo, 24 centro, 26, 30, 36, 41, 42/43, 44, 46, 56, 71 alto, 80, 94/95, 112, 120, 126 centro, 138, 142, 144/145, 146, 166/167 alto, 168, 169 embaixo esquerda, 170/171, 172 alto, 172/173 centro, 173 alto, 173 embaixo, 182, 187, 208, 214, Milton Miszputen: olho, 88, 91, 98, 167, 169 direita, 173 centro, 173 centro embaixo, 174, 190.

Juca Varella
Páginas: 169 centro e 202.

Renato Soares (reprodução)
Páginas: capa alto, 4ª capa, lombada, frontispício, 60, 63.

Reprodução da Revista Manchete
Página: 39.

Reprodução da Revista Veja São Paulo
Páginas: 218 e 222/223.

Van Lawick
Página: 232.